Hamburgs Autoren schreiben sich durch die herbste Kneipenlandschaft Deutschlands. Mit den Fischköpfen strandclubben am Hafen: Augen zu, Wellen an und im Mund der Geschmack von kühlem Astra. Die längsten Beine der Stadt gibt's im Schanzenviertel: Chic verrostete Kaschemmen säumen den Laufsteg, da bleibt einem die Spucke weg. Und wenn der Mund zu trocken ist, wird das Gespräch übers nächste Romanprojekt bei Küstennebel im Karoviertel fortgesetzt. Hamburgs Kiezgesellen sitzen selbst bei Minusgraden im Biergarten und sehen nach zwanzig Alsterwasser so frisch aus wie die steifnackigen Lederhosen nach dem Wellnessurlaub. Wo es Unvergessliches zu erleben gibt, von St. Pauli bis Pöseldorf, verraten nun einheimische Autoren.

Die Herausgeber

Björn Kuhligk, geboren 1975 in Berlin, lebt in Berlin-Kreuzberg, arbeitet als Buchhändler und ist passionierter Weizenbiertrinker. Zuletzt erschienen: *Der Wald im Zimmer. Eine Harzreise* (mit Jan Wagner, BvT, 2007).

Tom Schulz, geboren 1970, aufgewachsen in Ostberlin, ist seit seinem siebten Lebensjahr HSV-Fan und trinkt trotzdem gern mal ein St. Paulibraunes Astra. Zuletzt erschienen: *Vergeuden, den Tag* (Gedichte. Berlin, kookbooks, 2006).

Björn Kuhligk und Tom Schulz haben zusammen die Kneipenbuchreihe bei BvT ins Leben gerufen und sind die offiziell autorisierten Herausgeber. Bereits erschienen: *Das Berliner Kneipenbuch* (2006), *Das Kölner Kneipenbuch* (2007). In Vorbereitung: *Das Münchner Kneipenbuch* (2008).

Björn Kuhligk und Tom Schulz (Hg.)

Das Hamburger Kneipenbuch

Hamburger Autoren und ihre Kneipen

Berliner Taschenbuch Verlag

Die Beiträge in diesem Buch folgen – je nach Vorliebe der Autoren – entweder der alten oder der neuen Rechtschreibung. Außerdem erscheinen sie mit Zustimmung der genannten Gaststätten.

FSC
Mix
Produktgruppe aus vorbildlich
bewirtschafteten Wäldern und
anderen kontrollierten Herkünften

Zert.-Nr. GFA-COC-1223
www.fsc.org
© 1996 Forest Stewardship Council

Originalausgabe
März 2008
BvT Berliner Taschenbuch Verlags GmbH, Berlin
Das Hamburger Kneipenbuch © 2007 Berlin Verlag GmbH, Berlin
Alle Rechte © Autorinnen und Autoren
Umschlaggestaltung: Rothfos & Gabler, Hamburg
Gesetzt aus der Bembo und der Neuen Helvetica Extended
durch psb, Berlin
Druck und Bindung: Clausen & Bosse, Leck
Printed in Germany
ISBN 978-3-8333-0454-5

www.berlinverlage.de

an den landungsbrücken raus,
dieses bild verdient applaus
kettcar

Inhalt

Björn Kuhligk und Tom Schulz
Warum diese Stadt einen Hafen hat   11

Harry Rowohlt
Die Blockhütte auf der Großen Freiheit   13

Michael Weins
Runter vom Sofa   15

Mirko Bonné
Flieh, Himbeerjohnny, flieh   20

Nils Mohl
5 mehr oder weniger geordnete Fußnoten zu den Notizen für eine Meditation über die Erkundung eines Sentiments oder Früher haben wir grundlos glücklicher getrunken   25

Sven Amtsberg
Der Herd der guten Laune   31

Frank Spilker
Das leise warme Summen der Solidarität   36

Gunter Gerlach
Ein toter Fisch wird überfahren   43

Stefanie Richter
Draußen ist es hell   50

Finn-Ole Heinrich
Ich werde Dostojewski lesen 54

Dietrich Kuhlbrodt
Das Mini-Lokal 66

Andreas Münzner
Windmaschine 72

Hendrik Rost
Tischfußball, Andrea und der Restalkohol 77

Katrin Dorn
Gebärstreik am Familien-Eck 81

Jörg Sundermeier
Wo man wach sein darf 85

Mareike Krügel
Kein Name für eine Stammkneipe 90

Annette Amrhein
Koffer auf Reisen 94

Herbert Hindringer
Abgestottert 99

Martin Felder
Das späte Bad 105

Regula Venske
Mr Bojangles 110

Gilles Lambach
Das Nest auf der Scholle 116

Reimer Eilers
Der Frieden in Eimsbüttel   122

Birgit Utz
Und auch Sorgenbrecher   129

Wolfgang Schömel
Es muss zur Sache gehen!   135

Martin Brinkmann
Konferenz in Finkenwerder   140

Tina Uebel
Im Kiezbauch. Eine Liebeserklärung   144

Frank Lähnemann
Die Tür war auf!   149

Nico Spindler
Die Skeleton-Power-Punsch-Gesellschaft   154

Wiebke Spannuth-Maginess
Ein Angebot   159

Stefan Beuse
Das Gegenteil von Kult   164

Arne Rautenberg
Traumbuch des Golden Pudels   169

Kneipenindex   175

Warum diese Stadt einen Hafen hat

Nachdem das *Berliner Kneipenbuch* und das *Kölner Kneipenbuch* alle Erwartungen übertrafen, hatten wir das Verlangen nach Wasser, wollten wir in Richtung Meer. Und welche andere deutsche Stadt, die behauptet, das Tor zur Welt zu sein und zusätzlich eine hohe Autorendichte von hervorragender Qualität aufbieten kann, von welcher anderen, ein bisschen größenwahnsinnigen Stadt soll hier die Rede sein? Na klar, wir sind in Hamburg angekommen.

Hier waren wir oft, manchmal beschwipst, nie wortkarg wie die Abende, an denen wir manchmal über den Kiez schlenderten, man könnte meinen, fast kühl. Doch die Nächte wurden lang, man kann ja gleich danach auf den Fischmarkt gehen, zumindest am Sonntag.

Dass einer der Herausgeber das zweifelhafte Vergnügen hatte, das Hamburger Gesundheitswesen durch seine Tätigkeit als Zivildienstleistender in damals 15 Monaten zu unterstützen, mag eine Randnotiz wert sein. Dass einer der Herausgeber eine verflossene Liebe am Stadtrand der Elbmetropole sitzen gelassen hat, gehört dagegen nicht hierher. Der Grund für das große Hamburg-Gefühl waren vor allem die Kneipen, die zwischen Pils (damals knallte Holsten noch am dollsten – und Astra, FC St. Paulibraun) und nächstneuem Mode-Hopfen zwischen Reeperbahn und Finkenwerder, zwischen Blankenese und Poppenbüttel die Köpfe zum Schwingen brachten, na ja, und einiges mehr.

So ist dieses Kneipenbuch schlichtweg eine Einladung an alle, die Stadt von ihrer Nacht- und Kehrseite kennenzulernen. Wären wir vor Ort, man könnte uns dabei beobachten, wie wir es von der ersten bis zur letzten Kneipe ausprobieren würden.

Natürlich bleiben auch Fragen offen. Zum Beispiel, warum gleich in mehreren Texten ein toter Fisch überfahren wird. Das muss man wohl allegorisch denken, oder?

Wir harren der Antworten und danken Mirko Bonné und Hendrik Rost für wertvolle Hinweise. Wir danken Anne-Kathrin Heier, die diesem Buch in wunderbarer Arbeit Texte zugeführt und ihm den letzten Schliff gegeben hat.

Den Fischköppen (das meinen wir auch so, denn wir gehen gern in chinesische Originalküchen und bestellen ein Süppchen mit Seetang und Fischkopf) und denen, die denken, sie seien welche, oder denen, die anstreben, welche zu werden, rufen wir lachend zu, dass dieses Tor zur Welt nicht nur lebens- und liebens-, sondern auch trinkenswert ist. Was sollte man mehr von einer Stadt erwarten?

Dem Leser wünschen wir eine erlebnisreiche Reise durch die vielfältige Literatur- und Kneipenlandschaft Hamburgs. Uns hat diese Wasser- und Landtour Spaß gemacht! Zudem gibt es hier auch noch einen Hafen, damit man schneller hinkommt …

Björn Kuhligk und Tom Schulz
Berlin, im Herbst 2007

Harry Rowohlt
Die Blockhütte auf der Großen Freiheit

Ich bin doch nicht blöd und empfehle eine Stammkneipe, die es noch gibt, so daß dann alle hingehen und für mich nur noch ein Stehplatz in der dritten Reihe vor dem Tresen übrig ist, nein, ich empfehle eine Stammkneipe, die es schon lange nicht mehr gibt. Über Nacht (oder, das wäre weniger auffällig, über Tag) ist sie völlig ohne Rückstand verschwunden – wie in der Farce *Das fliegende Wirtshaus* von G. K. Chesterton. Vielleicht finden Sie sie ja irgendwo wieder, auf einer Hebrideninsel oder in Meppen oder hinter Ihrer Schrankwand. Dann gehen Sie schleunigst rein; da ist es nämlich schön.
Die *Blockhütte* war Europas ältester Country-and-Western-Schuppen, 1936 gegründet, jeden Abend Live-Musik, montags geschlossen. Wenn Besuch von auswärts kam, waren Hafenrundfahrt und *Blockhütte* ein Muß. Die Schiffsbegrüßungsanlage in Schulau (mit Matjes mit Speckstibbe und ganzen Kapitänen) war ebenfalls ein Muß, ließ sich aber nicht so leicht durchsetzen und wurde zum Kann herabgestuft.
Einmal hatte ich lieben Besuch aus München und schaffte ihn rasch in die *Blockhütte*. (Da ich gleich eine illegale Handlung schildern werde, bleibt der Name des lieben Besuchs ungenannt. Er war bis vor kurzem Chefredakteurin von ███ und ███████, ist aber längst dort ausgeschieden, so daß

es gar nichts nützt, wenn Sie jetzt zum Friseur gehen und die betreffenden Impressen lesen.) Wir hörten wunderschöne Live-Musik; dann wurde der liebe Besuch so ein bißchen rutschig und fragte: »Was ist denn hier besser, das Herrenklo oder das Damenklo?«
»Weiß ich doch nicht«, sagte ich. »Ich war bisher nur auf dem Herrenklo. Was genau hast du denn vor?«
»Ich möchte mir gern mal wieder zwei gepflegte Linien reinziehen«, sagte der liebe Besuch.
»Das kannst du hier getrost am Tresen machen«, sagte ich. »Das ist hier ein Country-Schuppen. Hier saufen die Leute wie die Fische und kiffen höchstens gelegentlich mal.«
»Du kannst mir doch nicht weismachen, daß man mitten auf St. Pauli nicht weiß, was Koksen ist«, sagte der liebe Besuch, »aber, na gut, auf deine Verantwortung.«
Fachmännisch zog sie mit Rasierklinge und Taschenspiegel vier säuberliche Linien auf den Tresen, alles genau wie in *Pulp Fiction*, und wir schnoberten uns das Zeugs schulmäßig durch zusammengerollte Hundertmarkscheine rein. Dies sah Gretchen, die Wirtin, kam zu uns und dröhnte mit ihrer Willy-Brandt-Stimme: »Jau, so ein Schietwetter. Das Einzige, was hilft, ist ordentlich Emser-Salz-Schnupfen.«

Harry Rowohlt, geboren 1945 in Hamburg. Zuletzt: *Der Kampf geht weiter. Schönen Gruß, Gottes Segen und Rot Front. Nicht weggeschmissene Briefe*, Verlag Kein & Aber, 2005

Michael Weins
Runter vom Sofa

Ich bin Schischi. Den Namen habe ich mir nicht selber gegeben. Den haben sich drei Männer einfallen lassen, die sich Schriftsteller nennen. Ein Freund von ihnen hat aus alten Autositzfellen ein Kostüm genäht, das trage ich. Bin ich im Kostüm, verwandle ich mich in ein Fellding, dann heiße ich Schischi. Sonst habe ich einen anderen Namen. Ich sitze auf einer Holzbank auf der Hedi und lasse mich mit Bier füttern. Ich bin das Maskottchen einer Literaturshow, die nach mir benannt ist: Schischscho. Ich sage nichts. Das ist meine Aufgabe. Ich gucke mir alles immer nur an. Sie lesen vor, und ich höre zu. Ab und zu mache ich Tanzbewegungen.
Die Hedi ist eine Barkasse. Barkassen sind flache, lange Boote, in denen Touristen durch den Hamburger Hafen geschippert werden. Die Barkasse ist das Cabrio unter den Touristenbooten, und die Hedi ist die schönste Barkasse der Erde. Jeden Sommer lädt Schnoor seine Lieblings-DJs, Musiker und Literaten auf die Hedi. Schnoor ist ein charmanter Verrückter mit wirren Locken. Dann geht es gut gelaunt durch den Hafen. Aus wildfremden Menschen werden Freunde, nach dem zweiten Bier, wenn die Sonne scheint und sich das untergehende Licht im Werftmetall bricht und in Sonnenbrillenaugen reflektiert wird.
Alle saufen hier, das ist das Wichtigste bei dieser Veranstaltung.

Es ist Donnerstag, und an den Landungsbrücken geht es los. Die Sonne steht schon tief über dem Wasser. Noch ist sie warm, das macht mir zu schaffen im Pelz. DJ Martin Moritz trägt eine Schiebermütze mit Schlumpfmotiven und einen brasilianischen Schnurrbart, er trinkt einen Gin Tonic aus einem Bierhumpen und legt ungarischen Polka-Techno oder etwas Ähnliches auf. Die Hedi durchschneidet die schmerzhaft blauen Wogen, und wenn man jetzt mit der Sonne im Gesicht zum Fischmarkt hinübersieht, denkt man: Glück. Martin Moritz legt einen Bert-Kaempfert-Song auf. Zwei der Schriftsteller setzen sich auf das Landetreppchen und erzählen zur Begrüßung, dass wir in einer Stunde doch nicht wie geplant an der Brücke 10 festmachen werden, um neue Gäste aufzunehmen und verbrauchte Gäste an Land zu lassen, sondern weiterfahren bis Südamerika, wo wir eine religiöse Sekte, eine Kolonie der Mitmenschlichkeit, eröffnen. Sie sagen, sie hofften, dass alle ausreichend Wäsche zum Wechseln dabei und sich anständig verabschiedet hätten bei ihren Liebsten usw. Wir würden uns alle bald besser kennenlernen und uns sehr, sehr nahe kommen, was alleine schon an der räumlichen und hygienischen Situation liege usw. Zwei Pärchen unterhalten sich lautstark über Automarken. Dann liest der erste der sogenannten Schriftsteller eine Geschichte vor, die von einem Mädchen handelt, das von ihrem Lebenspartner ein Kleid aus Fleisch und Würsten genäht bekommt, aber dann hat sie ein existenzielles Problem mit Hunden. Ich habe ein Bier im Pelz und wünschte, ich würde den Wind auf meiner Haut spüren, der hier draußen auf der Mitte des Flusses nach Frische und Ferne und Früchten riecht und nicht nur nach Meer und Teer und

Fischen wie nahe am Ufer. Der Kahn biegt vom Strom ab und verliert sich in einem der unzähligen Seitenarme. Wir fahren unter einer Brücke durch dumpf hallende Akustik. Das Angenehme an meinem Job ist, dass ich mir an Deck hemmungslos alle angucken kann. Ich starre sie an, die hübschen Frauen und Mädchen, und sie kriegen es nicht mit. Ich starre mit hängender Zunge, und sie lächeln trotzdem wohlwollend zu mir herüber. Wie niedlich, denken sie, dieses putzige Fellding. Wenn die wüssten. Als Kind habe ich mir einmal die Röntgenbrille aus der Anzeige im Ypsheft bestellt, von der es hieß, man könne den Leuten mit dieser Brille direkt unter die Kleidung sehen. Das hier ist ähnlich. Ich werde gesehen, ohne erkannt zu werden. Ich stehe im Mittelpunkt, trotzdem bin ich unsichtbar. Davon habe ich als Kind geträumt. Ich bin anwesend, aber niemand kann mich sehen. Diese Show macht Kindheitsträume wahr. Und dabei saufen, herrlich. Im Fell langsam die Kontrolle verlieren, Schlagseite bekommen, aber keiner kriegt es mit. Jetzt ist der Musiker dran. Die drei laden auch immer noch einen Musiker mit aufs Boot. Es geht vorbei an einer Reihe Hausboote, eine Familie sitzt da mit Angeln in den Händen, Vater, Mutter und zwei Kinder, einträchtig nebeneinander die Ruten in den Fluss haltend. Im Hintergrund sieht man die Tanks einer Raffinerie orange und golden in der Sonne funkeln. Der Musiker ist eine Hamburger Liedermacherlegende, der mal eine nach einer Vogelart benannte Band hatte. Sein Lied handelt von einem schwarzen Teich, an dem ein Mädchen steht und sich die Seele aus dem Leib singt. Die Leute blicken versonnen. Mir schiebt einer einen Strohhalm in die Pelzöffnung, ich kann das Getränk nicht erkennen, schmeckt aber super. Ein Bier hinterher wäre nett. Ich hebe die Hand, und schon habe ich ein kühles, rundes Glas zwischen den Lippen. Ich werde gesäugt wie ein Baby.

Neulich war ich privat auf der Hedi, ohne Kostüm. Da gab es irgendeine Finnenparty. Es wurde wüster Sauftango aufgelegt, und schließlich hat eine finnische Band live gespielt, sechs Typen mit akustischen Instrumenten. Eigentlich war das Boot viel zu klein für die. Und die Zuhörer wurden immer wilder, weil an dem Abend der Wodka nur fünfzig Cent kostete. Der Himmel war blaulilaschwarz wie eine sinistre Tinte, es hat gegrollt, und dann entlud sich alles in einem Riesengewitter, es hat wie aus Kübeln gegossen, aber das war den Leuten scheißegal, und am Ende waren wir alle im Fluss, sind alle über die Reling gesprungen. Und der Kapitän Rainer hat die Maschine ausgestellt und rumgebrüllt, lauter als der Donner, er mache das nie wieder, hat er gebrüllt, rumfahren mit Schnoor, und der war auch ganz betreten und musste uns mit einem großen Kescher aus dem Fluss fischen, zumindest hat er es versucht, und Rainer wurde am nächsten Tag zum Hafenmeister bestellt und hätte beinahe seine Konzession verloren. Aber Spaß gemacht hat es trotzdem, so durch schwarzes, warmes Hafenwasser zu schwimmen mit Wodka im Blut und nicht wissend, ob dich der nächste Blitz kocht.

Jetzt liest der dritte der Schriftsteller eine Geschichte über einen Mann, der mit seinen Kindern eine Hubba-Bubba-Fabrik besichtigt. Ich kann mich nicht mehr richtig konzentrieren. Das kommt vom Bier. Und von dem anderen Getränk. Mir ist schlecht. Ich muss daran denken, wie ich

einmal im Kostüm keine Luft bekommen habe. Und keiner von den Leuten hat es gemerkt. Und wie ich Panik bekam, es nicht mehr rechtzeitig aus dem Kostüm herauszuschaffen. Und wie ich ohnmächtig wurde.
Wir dümpeln mittlerweile an dem großen weißen Museumsschiff vorbei, einem ehemaligen Stückgutfrachter. Jetzt ist mir richtig schlecht. Und schwindelig. Gleich sind wir wieder an den Landungsbrücken. Es ist erst die erste Runde, zwei muss ich noch, aber ich bin nicht in Form heute. Das kommt von den fiesen schrägen Wellen. Gerade schaukelt es besonders, weil wir ein Riesencontainerschiff passiert haben. Ich frage mich, was ist, wenn ich mich plötzlich übergeben muss. Ich glaube, ich muss kotzen. Ich werde mich übergeben. Ich schätze, dass man dabei sterben kann im Kostüm. Wie komme ich bloß schnell aus dem Fell raus? Ich habe ja nicht mal die Hände frei. Ich hebe die Pranke, weil ich Hilfe brauche. Ich glaube, ich muss mich wirklich übergeben. Ich wedle mit der riesigen Fellpranke. Die Leute oben auf den Landungsbrücken winken zurück. Sie lächeln, weil das schön aussieht, eine Barkasse mit Musik und netten Menschen und in der Mitte ein winkendes Pelzding. Hilfe! Man schiebt mir neues Bier in die Öffnung.

Frau Hedis Tanzkaffee, Landungsbrücken 10, St. Pauli, U3 Landungsbrücken

Michael Weins, geboren 1971 in Köln. Zuletzt: *Krill*, mairisch Verlag, 2007

Mirko Bonné
Flieh, Himbeerjohnny, flieh

Absolut ehrlich und richtig aufrichtig gesagt mag ich die Kneipe, die unterhalb meines Schreibzimmerfensters liegt, am liebsten, wenn sie geschlossen ist, d. h. dienstags, wenn am Abend eine verblüffende Stille durchs Portugiesenviertel geht und das ganze Gelichter vorüber, vorbei, runter zum Hafen zieht, um sich noch Schiffe anzugucken, Cargofrachter oder so einen hässlichen hochgezüchteten Autotransporter aus Kuala Lumpur, wie er reinkommt oder rausfährt. Vollkommen still da liegt die Straße, kleine Straße, in der ich wohne. Ein bisschen Lärm vom Spanier, ein bisschen Geplärre vom Italiener, wenn die Türen auffliegen, und oben, an der Kreuzung, zwischen schwedischer, finnischer, norwegischer und dänischer Seefahrerkirche, die Touristen, die Kleinportugal bevölkern und es leer essen, damit täglich die Müllwagen kreisen können wie die Raumschiffe vom Abfallstern. Sonst nichts.
Unterm Fenster absolute Ruhe, Heidi guckt nicht nach den Lieferanten, die Holstenlaster sägen sich nicht durch die Gasse, so dicht an den parkenden Wagen vorbei, dass immer eine Autoalarmanlage anspringt, António mit dem Mopp wischt den Kneipeneingang nicht aus, keine stinkenden Fladen auf dem Trottoir, über das schon Hans Albers die Schritte gesetzt hat, kein alter müder grauer fetter sogenannter Hund, der da halb auf der Straße und halb in der

Kneipe liegt. Die Fensternachbarn in ihren Wohnungen, nicht bei António, denn es ist Dienstag, Kneipe hat zu. Und oben am grünen Fenster meines Zimmers zum Schreiben ich, mit einer Nacht vor mir, die Arbeit verspricht und Schlaf, ehrliche, aufrechte Träume, Schiffe, Pötte, die tutend herein- und hinauskrauchen, nichts, nichts, nichts, nichts, verblüffend, nicht mal das Mädchen mit den Froschaugen, nicht mal der Typ, der während der WM ein Nationaltrikot nach dem nächsten anhatte, so dass er von Spiel zu Spiel von anderen durch die Gegend gestoßen und immer aufs Neue ausgestoßen und immer zum Himbeerjohnny gekürt wurde, was, wie ich befürchte, seine Absicht war.

Einmal sprach es mich an, das Mädchen, und seine Froschaugen musterten mich dabei, als es mit verrauchter Stimme fragte, ob ich ihm den Glibber von der Hose lecke, worauf ich sofort und ohne nachzudenken Reißaus nahm über die Straße, zwischen den zwei falschen Akazien, den Motorrollern hindurch, rein ins Haus und rauf an mein grünes Fenster.

Absolut aufrichtig und richtig ehrlich gesagt ist alles, worüber ich dort oben noch schreiben kann, die Kneipe, die da unten liegt, ich schreibe darüber, wenn sie geschlossen ist, d. h. dienstags, aber auch während der restlichen Woche, wenn am Abend ein verblüffender Lärm durchs Portugiesenviertel geht und das ganze Gelichter nicht vorüber, runter zum Hafen zieht, sondern pfeift auf die Schiffe, die reinkommen oder rausfahren. Ist eh bloß ein Cargofrachter oder so ein zerbeulter hochgeschossiger Autotransporter aus Singapur. Sagenhafter Radau in der Straße, kleine Straße, in der ich wohne, bissiger Lärm vom Spanier, beißender vom

Italiener, wenn die Türen offen stehen. Und oben, an der Kreuzung, zwischen schwedischer, finnischer, norwegischer und dänischer Seefahrerkirche, die Touristen, die Kleinportugal bevölkern und es ratzekahl leer mampfen, damit täglich die Müllwagen kreisen können wie die Raumschiffe aus der Abfallgalaxie. Sonst passiert bei mir eigentlich nichts.

Unterm Fenster ruhigste Absonderlichkeiten, Heidi guckt stundenlang nach Lieferanten, Astralaster sägen sich durch die Gasse, so dicht an den parkenden Wagen vorbei, dass immer drei Autoalarmanlagen simultan anspringen und es einem Alarmanlagenchor zu lauschen gilt. António mit dem Mopp wischt den Kneipeneingang aus, dreimal, siebenmal, immer neue süß duftende Blumenfladen auf dem Trottoir, über das immer so ein unsterblicher Hans Albers die Schritte setzt, mein alter dürrer Lieblingsköter liegt halb auf der Straße und halb in der Kneipe, kein Fensternachbar in seiner Wohnung, alle im Nikotinaquarium von António, denn es ist ja nicht Dienstag, Kneipe hat auf. Nur oben am grünen Fenster meines Zimmers zum Schreiben ich, mit einer Nacht vor mir, die Schauen verspricht und Leben, absolut ehrliche Pisser, vollkommen aufrichtige Spötter, die tuten, blasen und krauchen, alles, alles, alles, alles, und das Verblüffendste das Mädchen mit den Froschaugen, das sich während der WM in einen Typen verliebte, der ein Nationaltrikot nach dem nächsten anhatte, so dass er von Spiel zu Spiel von anderen durch die Gegend gestoßen und immer aufs Neue ausgestoßen und immer zum Himbeerjohnny gekürt wurde, was, wie ich befürchte, nicht seine Absicht war.

Ich sah sie da stehen, das Mädchen mit den Froschaugen und ihn mit dem Südkoreatrikot, obwohl Deutschland gegen Schweden spielte, der abseits gestanden und geraucht hatte, und durch den Kopf schoss mir eine Frage, die ich den beiden gern gestellt hätte, die Frage nämlich, warum ich sofort und ohne nachzudenken Reißaus nehme über die Straße, wenn ich vor der Kneipe zwei einander küssen sehe, durch beide Robinien hindurch, die Motorroller, rein ins Haus und rauf an mein grünes Fenster.

Ehrlich aufrichtig und absolut richtig gesagt kenne ich den, der dort oben schreibt, gar nicht, ich kenne zwar die Kneipe, die unter seinem Fenster liegt, aber ich schreibe nicht darüber, ich gehe bloß auch für mich verblüffend oft durchs Portugiesenviertel und mit dem ganzen Gelichter daran vorüber, dass es runter zum Hafen zieht, wo der Elbwind um die Schiffe pfeift, die Cargofrachter oder Autotransporter aus Shanghai, wie sie reinkommen oder rausfahren. Von Radau in der Straße, einer kleinen Straße, weiß ich nicht viel, ich wohne woanders, Lärm vom Spanier, vom Italiener, kann sein, vielleicht wenn die Türen aufstehen. Nur oben, an der Kreuzung, zwischen schwedischer, finnischer, norwegischer und dänischer Seefahrerkirche, bevölkern Touristen Kleinportugal und essen alles, alles, alles, alles auf.

So viele Fenster, und hinter jedem wohnt wer. Heidi achtet auf die Lieferanten, dass die Bierlaster sich nicht so durch die Gasse sägen, dicht an den parkenden Wagen vorbei, damit keine Autoalarmanlage anspringt und es aus der Nachbarschaft Beschwerden regnet, António wischt mit dem Mopp den Kneipeneingang aus und stellt Blumenkästen aufs Trottoir, die Hans Albers dann erst mal begießt, so nämlich heißt der alte Köter, der immer halb auf der Straße und halb in der Kneipe liegt, die Fenster sind alle mehr oder minder Nikotinaquarien, nur Heidi und António, die rauchen schon lange nicht mehr. Und oben an seinem grünen Fenster er, egal ob nachts oder bei Tage, schaut runter aufs Leben, ehrlich, Pisser, allen zum Spott, von Tuten und Blasen keine Ahnung, und dann das Verblüffendste, dass sich ausgerechnet diesen Typen das Mädchen mit den Froschaugen angelt. Während der WM hatte er nie das Nationaltrikot an, wurde von Spiel zu Spiel von anderen durch die Gegend gestoßen und immer aufs Neue weggestoßen und immer zum Himbeerjohnny gekürt, was, wie ich befürchte, unsere volle Absicht war.

Ich sah sie da stehen, das Mädchen mit den Froschaugen und ihn mit dem Schwedentrikot, obwohl Deutschland gegen Italien spielte, der abseits gestanden und geraucht hatte, und durch den Kopf schoss mir eine Frage, die ich den beiden gern gestellt hätte, die Frage nämlich, warum so einer nicht ohne nachzudenken Reißaus nimmt über die Straße, bevor er vor der Kneipe zusammengebrüllt wird. Einander küssend standen sie da, unter den Bäumen zwischen den Motorrollern, sind dann rein ins Haus, und oben sah man sie noch an ihrem grünen Fenster.

Cantinho Do António, Rambachstraße 11, St. Pauli, U3 Landungsbrücken

Mirko Bonné, geboren 1965 in Tegernsee. Zuletzt: *Der eiskalte Himmel*, Verlag Schöffling & Co., 2006

Nils Mohl

5 mehr oder weniger geordnete Fußnoten zu den Notizen für eine Meditation über die Erkundung eines Sentiments oder Früher haben wir grundlos glücklicher getrunken

1. Wenn du das Zentrum verstehen willst, fang in der Peripherie an.
2. Kneipen und ihre Bedeutung sind total überschätzt.
3. Das Zentrum ist leer, die Kneipe tot.
4. Der Aschenbecher ist der Pool des kleinen Mannes.
5. Die Poesie der Peripherie kann nur erdichtet sein. So oder so.*

---

* geraffte Gardinen, Grundton: lila, bestimmt eine Lichterkette oder zumindest etwas Lichterkettenähnliches im Fenster, es ist immer Weihnachten. Genauer: der Tag vor Heiligabend. Ein rechteckiges Schaufensterfenster, die Tischplatte des Stehtisches davor ist trapezförmig, deren Oberfläche aus Schichtstoff, helles Beige. Zwischen dem Tisch und dem Tresen, einem rechtwinkligen, den Raum beherrschenden Gebilde aus viel dunklem Holz, ist eben genug Platz zum Durchlaufen. Am Stehtisch kann man sitzen. Es sind Barhocker davor aufgestellt, wie am Tresen, mit gepolsterten Sitzflächen und Rückenlehnen. Barhocker mit Rückenlehnen, gepolsterten Rückenlehnen! Auf der Fensterbank stehen ein paar Töpfe, bestückt mit Kunstblumen und Plastikpflanzen, durchs Fenster gibt's wenig zu sehen. Eine zweispurige Einbahnstraße, die etwa dreißig Meter weiter an einer Ampelkreuzung in den Ring 2 mündet. Auf der Straßenseite gegenüber die fensterlose, mit blau lackiertem Wellblech verkleidete Front eines Fliesenlagers, davor den dazugehörigen Parkplatz. Draußen ist es dunkel, drinnen ziemlich hell. Aus dem Nebenraum ertönt die Fanfare des elektronischen Dartautomaten. Fünf schwere Glaskrüge werden zu den Aschenbechern auf die Tischplatte gehievt.

rote Zipfelmützen, griechischer Likörwein zu Bier, es ist der 23. Dezember. Treffen bei S., 20 Uhr, wie jedes Jahr an diesem Tag, seit wir 17 sind. Wir gehen in der Nähe in einem Steakrestaurant das Tagessteak essen: S., J., F. und ich. Und D. – D. kommt allerdings später, seine Mutter hat Geburtstag. Früher endete der Abend immer bei S. am Pool, auf Liegestühlen: Wir hören Musik, sehr laute Musik, zwischendurch geht's in die Sauna oder auf einen Sprung ins Wasser. Die beruhigende Geräuschwelt des Pools, wenn die Musik dann aus ist: sanft gegen den Beckenrand plätschernde Wellen, hin und wieder das Gurgeln einer Pumpe. Es gibt Fotos von sehr glücklich am Pool schlafenden Menschen, mit nichts bekleidet außer roten Zipfelmützen. Frühmorgens mit dem Taxi nach Hause. Ins Bett. Kurz vorm Gottesdienst wieder hoch. In die Kirche. Frohe Weihnachten.

alle Jahre wieder, und immer auch die Kneipentour zwischen Steakrestaurant und Pool: auf jeden Fall ins Eden, nie in die Elchstuben, manchmal Wandsbeker Bote, stets zuerst in den Wandsbeker Hof. Aber das Eden gibt's inzwischen nicht mehr, und im Wandsbeker Boten sind am 23. Dezember immer erstaunlich viele, erstaunlich gut gelaunte Gäste. Ich bin froh, wenn wir uns das schenken. Die Feierlaune Fremder kann schwer belastend sein. Der Wandsbeker Hof ist in dieser Hinsicht gefahrlos. Hier sind am 23. immer erstaunlich wenig Gäste und wir immer die mit Abstand am besten gelaunten: rote Zipfelmützen, griechischer Likörwein zu Bier vorweg und im Steakrestaurant auch noch einmal Pils und wenigstens einen Kurzen. Vor Ort im Wandsbeker Hof schließlich frisch Gezapftes, kein schlechtes. Und noch ein paar Kurze. Da kennt S. keinen Spaß: Tradition.

    nach dem Zweiten Weltkrieg. Genau so formuliert S. das, und ich wundere mich vor allem darüber, dass es diese Örtlichkeit zu jener Zeit schon gegeben haben soll. Geführt habe den Wandsbeker Hof seine Großmutter. Hier sei es mit dem Zigarettenvertrieb der Firma C. losgegangen. Ohne Wandsbeker Hof kein Pool. Vermutlich. Heute ist die Kneipe verpachtet, aber noch immer befindet sich das Gebäude im Familienbesitz. Mir ist das neu. Als ich S. eine E-Mail schicke, um zu erfahren, wie wir seinerzeit auf dieses Etablissement gekommen sind, höre ich das erste Mal etwas davon. Skizzenhaft. Ein Stammgast der ersten Stunde hatte Kontakte, die wiederum hat die Großmutter von S. clever zu nutzen gewusst, hat Zigaretten unterm Tresen gehandelt, später wurde der Automatenvertrieb daraus. Ungefähr so. Gut zwanzig Jahre vor unserer Geburt ist das gewesen, knapp vierzig, bevor wir das erste Mal aufkreuzen.

    der Schankraum besonders auffällig: das dunkle Holz. Wo man auch hinguckt: einfach alles ist kastanienbraun.

Barhocker, Tresen, Tresenregale, Wandverkleidung, selbst die Zapfanlage: holzverschalt und dunkelbraun. Dazu auf den Tischen und dem Tresen: breit gestreut die Glasaschenbecher mit den Logos der Firma C. An der mittleren Holzsäule des Tresens unter einem Büschel Plastikgrünzeug hängt in Holz geschnitzt der Hinweis: MORGEN FREIBIER. Mein Humor. Angeschlossen an den Wandsbeker Hof ist eine Gästezimmervermietung gleichen Namens für Monteure. Folgerichtig wird der Wandsbeker Hof auf der Homepage auch so beworben: Die Unterkunft für Monteure in Hamburg-Wandsbek. Als besondere Freizeitempfehlung gibt es einen Link zur Wandsbeker Bowlingbahn. So wie natürlich den Hinweis: Die im Haus befindliche Bierstube Wandsbeker Hof lädt in rustikaler Atmosphäre zum Feierabendbier ein – geöffnet ist sie von Montag bis Freitag ab 18:00 Uhr. Hinter dem Tresen steht dann am Zapfhahn, gerahmt von zwei Tresensäulen, ein rustikaler Mann: spätes Mittelalter, vom Zigarettenqualm gegerbte Haut, solider Bauch, gemäßigte Tolle in der Stirn, teebeutelartige Tränensäcke unter den Augen. S. wird von ihm mit Handschlag begrüßt.

 der Pool, es gibt ihn noch, das Modellschiff baumelt nach wie vor von der Decke, der Rettungsreifen hängt an der getäfelten Wand, die Liegestühle stehen noch dort. Der Kühlschrank mit Glastür, die Sonnenbank, das Trimmgerät: alles an seinem Platz, aber nichts blubbert mehr, kein Plätschern, das Wasser ist raus. S. arbeitet in England, und die Stadtwohnung seines Großvaters, zu der der Pool gehört, steht mehr oder weniger leer, seit der Großvater vor ein paar Jahren gestorben ist. Von der Wohnung von S., die er trotz seines Jobs im Ausland behalten hat, hat man zwar weiterhin Zugang zum Pool, aber ein Wasserbecken ohne Wasser ist ein eher deprimierender Ort. Womöglich auch Sinnbild: Wir gehen immerhin stramm auf die 100 zu, 35 sind wir inzwischen. Letztes Jahr fehlte das erste Mal J., der in Italien arbeitet und frisch verheiratet ist. Davor war ich nicht dabei. Davor S. Wir sind alle in Hamburgs Osten aufgewachsen, zusammen zur Schule gegangen, aber außer mir lebt niemand mehr in der Gegend.

zig dieser Glasaschenbecher, in der Regel deutlich mehr als Gäste, wenigstens am 23. Dezember. Maximal drei bis fünf Gestalten sitzen am Tresen: jeder auf seine Art die Idealbesetzung in seiner Rolle als Statist. Wenn kommuniziert wird, dann mit dem Zapfer. Ein lokaler Radiosender beschallt die Anwesenden überlaut mit zeitgenössischer Konfektionsware, wenn sich nicht gerade ein Hitparaden- oder Stimmungsmusiksampler im CD-Player dreht. S. spricht mit einem der Gäste, einem Stammgast. S. kennt überall jemanden. Oder lernt jemanden kennen. Und spätestens eine Viertelstunde nach unserer Ankunft läuft andere Musik. S. bekommt das hin. Wir sitzen am Stehtisch, die Tür fliegt auf. D. kommt hinzu, die Geburtstagsfeier seiner Mutter ist aus. Großes Hallo. Zipfelmützenenden wippen in der nebligen Kneipenluft lustig auf und ab. F. und J. stecken sich eine Kippe an, jeder hat einen eigenen Aschenbecher vor sich stehen. Sie halten mir die Schachtel hin. Ich rauche seit Jahren nicht mehr.

updates: Familienstand. Kinder. Beruf. Sonstiges. F. hat sich eine Stromgitarre gekauft. D. weiß etwas von B. Große Einigkeit: Die neueren CDs von T. sind nicht mehr kaufbar, aber man hat reingehört. Über kurz oder lang betagte Anekdoten, gern belacht. Wir sind die alten Säcke, die wir, wir erinnern uns, nie haben werden wollen. Damit gäbe es endlich den guten Grund, sich exzessiv zu betrinken, genau das Argument, das es früher im Grunde nie gegeben hat. S. bestellt eine Runde Alkopops. Von einer weiteren Runde mit Kurzen bringen wir ihn ab. Vorläufig. Und ich denke beim Aschenbecherstapeln dann so bei mir (und ich finde den Gedanken für den Moment keineswegs beunruhigend), dass wir sehr wahrscheinlich hierherkommen werden, bis wir 100 sind, einmal im Jahr, für die Aufenthaltsdauer von maximal einer Stunde: Zipfelmütze auf dem Kopf, Steak im Bauch, Likörwein zu Bier vorweg, Blick auf ein Fliesenlager. Wir machen das bereits ein halbes Leben lang. Und die Barhocker sind gepolstert. Sogar die Rückenlehnen.

Wandsbeker Hof, Kattunbleiche 20, Wandsbek, U1 Wandsbek Markt

Nils Mohl, geboren 1971 in Hamburg. Zuletzt: *Kasse 53*, Achilla Presse, 2008

Sven Amtsberg
Der Herd der guten Laune

In *Frau Hedis Landgang* sieht es immer ein bisschen aus wie bei Oma. Der schmale braun und gold gestreifte Tunnel ist vollgestellt und -gehängt mit allerlei Tinnef. Überall blinkt und blitzt etwas, Lichterketten, die kunstvoll zu Schriftzügen arrangiert sind. Bunte Plakate und Zettel, die liebevoll von vergangenen Ereignissen künden oder von welchen, die da noch kommen werden. Kleine Bilder mit merkwürdigen Collagen, deren Sinn sich auch nach mehreren Bier nicht erschließen lässt, die einem aber, je betrunkener man wird, beim Anstarren das Gefühl eines preiswerten LSD-Trips vorgaukeln. Schwarzweißfotografien von längst verstorbenen Menschen, die keiner mehr kennt. Dazwischen werden an die wenigen, noch freien Stellen Dias projiziert. Um künstlich noch mehr freie Stellen zu schaffen, hat der Innenarchitekt A. Schnoor sogar ein Stück freie Wand einfach an der Decke befestigt. Diesen Dias, die von Hobbyfotografen überall auf der Welt aufgenommen wurden, haftet etwas von einer euphorischen Depressivität an. Alte, schwermütige Menschen, die versuchen, fröhlich zu sein. Enthaarte Tiere, denen Kunststücke misslingen. Sauffreizeiten pakistanischer Arbeitnehmer. Autistenkonfirmationen. Bunte Speckbuffets. Männerausflüge in schäbige Busenbars. Und Ähnliches. Und auch, wenn man nicht wirklich will, so muss man doch immer wieder hinsehen, überall flackert etwas. Und jedes Mal, wenn man den Landgang betritt, glaubt man im ersten Moment, man wäre auf Drogen und betrete nun eine andere Sphäre, denn ich glaube, so viele verschiedene Farben an einem Ort gibt es in Hamburg nur hier. Manchmal, wenn man schon etwas getrunken hat, kann einem richtig schwindlig davon werden. Zumindest brennt es im Kopf, und erst wenn man eine Weile dort ist und in aller Ruhe sämtliche Facetten dieses Kaleidoskops der anspruchsvollen Alkoholunterhaltung in sich aufgenommen hat, scheint man allmählich die Zusammenhänge dahinter zu begreifen. Das Konzept, und dass alles so viel mehr ist als bloß schnöde Inneneinrichtung. Selbst die Topfblumen auf der Fensterbank und die Makraméarbeiten im Schiebefenster ergeben dann auf einmal Sinn, denn alles zusammen scheint die Illusion eines Zuhauses zu erzeugen und gibt mir zumindest jedes Mal, wenn ich aus der kalten, kalten Welt in und um St. Pauli in den kleinen, überheizten Tunnel der guten Laune falle, das Gefühl heimzukommen. Ja, sogar ein bisschen anzukommen, denn man kann hier tatsächlich eine gewisse Ruhe spüren, die einen umfängt – trotz Alkohol und der lauten, aber meistens wirklich sehr guten Musik. Viel alter Schallplattensoul. Manchmal Fetenhits, aus Zeiten, wo Partys tatsächlich noch Feten hießen, und überhaupt hat man hier häufig das angenehme Gefühl, auf einer Privatparty gelandet zu sein. Und vermutlich hat auch das mit der intimen Enge hier zu tun. Ständig muss man sich an irgendwelchen fremden Menschen entlangreiben, manchmal mit ihnen reden, später ab und zu knutschen. Zusammenziehen. Hier habe ich auch Ellen das erste Mal gesehen. Eine dralle Mecklenburg-Vorpommerin mit kräftigem blondem Haar, der man Gefühle nicht auf den ersten Blick ansieht. Sie war einfach zu groß und zu breit, als dass ich mich an ihr einfach so hätte vorbeischieben können. Sie sei Ellen, sagte sie ohne Umschweife, nachdem sie mich gepackt und auf der Stelle fixiert hatte. Ihre Hände waren kräftig. Auf ihren Armen tätowierte Tiere, die größer wurden und die Farbe verloren, je länger sie mich festhielt. Sven, entgegnete ich. Was ich machen würde, brüllte sie. Saufen, und Sie? Sie sei *Miss Mett 2006* und wolle es jetzt auch international schaffen. Aha, machte ich nur und sah sie an. Man konnte sicher viel über sie sagen, aber schöne Augen hatte sie. Hinzu kam, dass ich es schon immer mochte, wenn Frauen auf eine üppige Art gesund aussahen. Ich stamme von einem alten Metzgergeschlecht ab, und als sie mich dann später küsste, hatte ich das Gefühl, dass ihre Lippen einfach überall waren. Dass sie sich nicht nur über meinen Mund stülpten, sondern auch über die Nase. Die Augen. Das komplette Gesicht, so dass mir schwindlig wurde und ich die plötzlichen rotierenden Bewegungen des Raums mit Schnaps ausgleichen musste. *Hahnentritt*, um genau zu sein. Ein legendärer Schnaps, den es in Hamburg, glaube ich, nur hier gibt, und den man unbedingt einmal probieren sollte. Im Moment, bevor man das Bewusstsein verliert, schmeckt er fast gut, etwas süßlich. Ich habe in meinem Leben nur zwei Mal Hahnentritt getrunken, an beide Abende kann ich mich nur noch schemenhaft erinnern. Einer davon war der mit Ellen, meinem schönen Fleischengel. Als ich wieder zu mir kam, lag ich in einem Bett, um das mehrere dunkelhäutige Kinder mit Turbanen standen und mich neugierig ansahen. Eine Frau mit Kopftuch, die einen nackten Säugling auf den Armen hielt. Als ich sie fragte, wo ich sei, antwortete sie mir in einer Sprache, die ich noch nie zuvor gehört hatte, ich zog mich hastig an. Verschwand.

Seitdem bin ich ständig im Landgang. Ich habe Ellen, meine kleine Karbonadenamazone, einfach nicht vergessen können. Jedes Wochenende bin ich hier und oft auch unter der Woche. Mittlerweile ist es Sommer geworden, und man kann draußen vor dem Landgang sitzen. Und wer einmal einen Sommer dort erlebt hat, weiß, dass die Winter im Landgang gut sind, aber die Sommer noch um einiges besser. Denn dann vergrößert sich die Fläche des Ladens noch um die Straße davor, wo man auf dem Bürgersteig sitzt, trinkt und raucht und auf die viel zu große Verkehrsinsel gegenüber starrt. Unsere grüne Lunge von St. Pauli, mit dem kleinen Häuschen darauf, hinter dem manchmal Teenager auftauchen und ihre Frustration erbrechen. Taxis fahren vorbei und wirbeln die warme Sommerluft auf, die hier so lustig schmeckt beim Einatmen. Die Sommer sind nachts vor dem Landgang wirklich am besten. Nur scheint Ellen das nicht zu wissen. Seit dem Abend habe ich sie nicht mehr gesehen. Fast ein Jahr ist das jetzt her. Es scheint sie niemand zu kennen, außer mir. Trotzdem sitze ich im Winter drinnen und im Sommer davor. Im Schein des Glitzerlichts der Lichterketten, und jedes Mal mag ich diesen Moment, wenn sie das Licht im Landgang ausschalten und auf einmal alles zu Dunkelheit wird. Ohne Strom sieht der Laden ganz anders aus, nichts erinnert dann mehr an *Frau Hedis Landgang*, und fast ist man geneigt, die vergangene Nacht für eine Illusion zu halten. Bis zum nächsten Abend, wo man wieder aus der Kälte der Nacht in die grelle Heimeligkeit des Landgangs einfällt, diesem kleinen Filetstück der Barkultur, und sich dort mit Geborgenheit füttern lässt. Trinkt, bis man fast glücklich später durch die Nacht wankt, dem Herrgott, oder wem auch immer, dankt, und betet, er möge dieses Etablissement schützen und es noch möglichst lange am Leben lassen.

Frau Hedis Landgang, Neuer Pferdemarkt 3, St. Pauli, U3 Feldstraße

Sven Amtsberg, geboren 1972 in Hannover. Zuletzt: *Das Mädchenbuch*, Rowohlt Taschenbuch Verlag, 2003

Frank Spilker
Das leise warme Summen der Solidarität

Das Lokal, über das ich jetzt berichte, hat aber zwei Eigenschaften, die es nicht wahrscheinlich machen, dass jemand diesen Text als Empfehlung versteht, erstens: Ich beschreibe einen Zustand von vor ungefähr 15 Jahren, zweitens: Fahr doch einfach mal da hin und schau ihn dir an. Ich bin übrigens der festen Überzeugung, dass es den Laden früher tagsüber gar nicht gegeben hat. Er hat sich – und das macht er wohl auch heute noch – irgendwie durch eine unwahrscheinliche Manipulation der menschlichen Retina oder des Bewusstseins tagsüber unsichtbar gemacht. Du glaubst das nicht? Aber das ist die Natur. Nimm nur einmal die Geschichte von diesem Parasiten, der eine Schnecke befällt, diese nach Parasitenart ausnutzt und anschließend zwingt, und zwar durch Manipulation ihres winzigen Gehirnchens, den höchsten erreichbaren Grashalm zu erklimmen, um sich von einem Vogel fressen zu lassen. Klingt auch unwahrscheinlich, oder? Ist aber wahr. Irgendwas war in dem Bier, das schwör ich dir, oder vielleicht war es ein Aerosol? Ein psychogenes Mittel, das sich als Toilettenduftspray getarnt hat?

Es ist also, sagen wir, 1993. (Nineteenninety and a motherfucking three). Irgendwann, weit nach Mitternacht, schälen sich seine Konturen langsam aus dem Hintergrundschwarz heraus. Jetzt ist es noch viel zu früh. Ich stehe an der Stelle in der Georg-Wilhelm-Straße, an der er normalerweise aufzutauchen pflegt. Mit ein paar bunten Lichtern fängt es an. Einige davon flackern, andere nicht. Um die Weihnachtszeit ist das sowieso egal, da in allen Fenstern der Stadt bunte Lichter hängen, von denen einige flackern. Es fällt also kaum auf.

Mir haben sie gerade mein schickes Rennrad geklaut, und ich bin gezwungen, wieder Nachtbus zu fahren. Ich hatte es etwas zu lange am Jägerzaun in der Fährstraße stehen lassen. Man brauchte es nur zu begehren und eine Latte vom Zaun zurückzubiegen (warum habe ich das damals eigentlich immer so gemacht? Mich der Dinge durch Vernachlässigung entledigt, auch mit Beziehungen?). Jedenfalls stimmte unser Verhältnis nicht mehr so richtig, nachdem ich mit ihm bei sehr hohem Tempo in eine der tückischen Freihafenbahnschienen geraten war. Ich hatte es eilig gehabt, bei strömendem Regen möglichst schnell den alten Elbtunnel zu erreichen. Mein Rad hatte mich dann stark verletzt, und ich ließ es eine Zeit lang stehen. Zu lang.

Jedenfalls fahre ich jetzt wieder Nachtbus. Und der hält bei mir zu Hause zufällig genau vor dem *Night & Day*. Wenn man vom Ausgehen nach Hause kommt, also ungefähr täglich (erst Konzert in der *Markthalle*, danach in den *Sorgenbrecher*), ist man durch das Erlebte wieder wach und durch die Dauer der Fahrt wieder nüchtern. Und dann findet man die flackernden Lichter plötzlich so einladend und beschließt, noch einen Absacker zu nehmen. Seit ich hier wohne, mache ich mir einen Spaß daraus, meinen Freunden und Bekannten die Gaststätte zu zeigen. Meistens sind es

Menschen, die aus irgendeinem Grund bei mir übernachten müssen. Man kommt hier ja nicht mehr weg des Nachts.
Hinter der Bar steht eigentlich immer derselbe Typ. Jeden Abend, aber immer nur etwa ein halbes Jahr lang. Dieser hier heißt Sven. Man hat das Gefühl, er müsste sich das Geld eigentlich irgendwo anders verdienen. Jeder Gast wird von ihm abgeklopft. Schon nach kurzer Zeit ist man auf Du und Du, etwa wenn man nach dem Aschenbecher gefragt hat. Vielleicht ist er auch einfach nur nett und gesprächig, vielleicht kommt er aus Süddeutschland, wo die Leute oft so viel reden. Jedenfalls fällt das hier schon auf. Es kommt Leben in die Bude und Leutseligkeit, in die sich nur ab und an eine dunkle Ahnung von »Was will der eigentlich von mir« mischt. Von mir will er letztendlich nichts, aber ein halbes Jahr später wird herauskommen, dass er irgendjemanden im nahen oder entfernten Umkreis des Ladens um eine größere Summe betrogen und sich dann irgendwohin abgesetzt haben soll. Natürlich ohne den Mietrückstand von einem halben Jahr ausgeglichen zu haben. Normale Kleinkriminalität halt. Noch ist er aber da. Erzählt, dass er zuletzt in Berlin gelebt hat. Auch dort gibt es wohl verbrannte Erde. Gibt er eigentlich mal einen aus? Gebe ich eigentlich mal Trinkgeld? Beides wahrscheinlich, ganz normale Schattenwirtschaft.
Ein paar Schritte weiter steht das Plastikdartgerät für die Spielsüchtigen. Ich habe auch schon oft gespielt. Die Spielsüchtigen, das sind die, die durchaus oft gewinnen. Denen eine Regelmäßigkeit und Strukturiertheit des Abends und der Gespräche so wichtig ist, dass sie einfach nicht mehr loskommen können von ihren Automaten. Egal ob Kicker,

Flipper oder eben Darts. Sie unterscheiden sich von denen, die mal ein paar Stunden oder einen Abend lang spielen, dadurch, dass sie es immer tun, und dass sie sich sofort unwohl fühlen, wenn sie mal einfach so an der Bar stehen müssen. Früher haben die noch auf dem Schulhof Fußball mit einem Tennisball gespielt, wenn das erlaubt war, während die anderen in der Raucherecke standen und sich für den Abend verabredeten. Sie sind halt ein bisschen schüchtern. So etwas geht nie ganz weg, auch wenn man sehr viel weiterkommt und das Leben einen sozusagen von selbst therapiert. Ein Rest dieser Schüchternheit bleibt und erwischt einen in einem schwachen Moment.

Mit diesen Exemplaren kommt man nur ins Gespräch, wenn man mit ihnen Darts spielt. Und das Wichtigste, was man dann erfährt, ist, dass sie in der Lage sind, sich in allen Situationen, die das Leben so stellt, »normal« zu verhalten. Sie sagen immer »man«, wenn sie »ich« meinen. »Ich« hat nie etwas gemacht, »man« hat etwas gemacht oder empfunden oder erlebt. Sie bringen ihre eigenen Pfeile mit, oder sie stülpen Latexkondome über die Kickergriffe, um den Grip zu erhöhen. Wenn sie ein Mädchen anspricht, geben sie vor, so lange weiterspielen zu müssen, bis das Mädchen das Interesse verloren hat. Ja, so ist das halt, kann man nichts machen. Wenn ich so eine Runde Darts gespielt habe, die ich selbstverständlich verliere, fühle ich mich wieder geerdet, sehe ich wieder diese andere Welt der Ingenieure und Handwerker, mit der ich seit der Schulzeit nichts mehr zu tun hatte, und weiß, was »man« dort so denkt.

Später in der Nacht, und zwar sehr viel später, so gegen drei, vier Uhr morgens, tauchen Gestalten auf, die sich von

den meisten Anwesenden dadurch unterscheiden, dass sie komplett nüchtern sind. Man möchte sich ihnen gar nicht so recht nähern. Die anwesenden Trinker spüren eine gewisse Unterlegenheit, was Schlagfertigkeit und Esprit angeht. Ein Hauch Verachtung für den Trinkenden, und das stört natürlich beim Saufen. Dabei sind die eigentlich ganz nett, und wenn man seine anfängliche Scheu überwindet, stellt man fest, dass sie letztendlich im Augenblick mehr zu sagen haben als die Alkoholisierten.
Sie bestellen immer Kaffee. Immer. Nie Apfelsaft oder so etwas. Kaffee. Ein Taxifahrer, der seine Schicht beginnt, eine Köchin, die das Gleiche tun wird, ein Lkw-Fahrer, der eine Panne hat und auf irgendwelche Teile wartet. Meistens steckt irgendeine tragische Geschichte hinter ihrer Biographie, mit der sie manchmal, irgendwann später, wenn man sich mehrere Male hintereinander getroffen hat, vielleicht sogar herausrücken. Denn normal ist das nicht, diese Nachtschichten machen zu müssen, schließlich wollen eigentlich alle lieber tagsüber arbeiten. Jedenfalls auf die Dauer. Tagsüber arbeiten und abends ausgehen, so wie die anderen auch. Mal eine Nacht durchmachen. Aber nicht immer, und nicht immer müssen. Meistens war irgendein Ausraster schuld. Ein Nichtmehraushalten von Demütigungen oder Mobbing oder eine sauteure Trennung von einem Ehepartner. Irgendetwas hat dazu geführt, dass aus einem Tagleben ein Nachtleben wurde, dass man sich eine neue Nische suchen musste, weil anders kein Leben mehr möglich war. Eine Traurigkeit über das, was sie verloren haben, umgibt sie oft. Sie halten sich selbst für, nein, sie *sind* ganz normale Menschen. Mit irgendeiner Schwäche, so wie alle

ganz normalen Menschen. Der Unterschied zu den meisten anderen ist nur, dass sich irgendjemand in der Vergangenheit diese Schwäche zunutze gemacht hat, um seine eigenen Ziele zu erreichen. Sie sind dabei auf der Strecke geblieben. So stellen sie das jedenfalls gerne immer dar.

Mindestens einer oder zwei sind aber auch dabei, die nicht von der Arbeit aus gezwungen oder dem Drängen der Sucht nachgebend das Nachtleben bevölkern, sondern die einfach entschieden haben, nachts zu leben. Aber nicht als Künstler oder Bohemiens, sondern einem ganz normalen Job nachgehend. Nur eben nachts. Oft einfach, weil ihnen diese Gesellschaft lieber ist als die der Strebertypen, die tagsüber unterwegs sind. Tagsüber trifft man nur entweder Streber oder aber Feiglinge, die sich aus Angst an den alltäglichen Hackordnungskämpfen beteiligen. Leute, die dazu einfach keine Lust haben, finden sich hier auch und sind oft die angenehmsten Gesprächspartner. Sie sind typisch für diesen Stadtteil, der sich selbst gerne als Ort der Verlierer bezeichnet. Wenn man mal jemanden davon reden hört, schwingt aber auch immer so etwas wie Verachtung mit für die verdammten Innenstädter, die kein Herz haben, und das leise warme Summen der Solidarität. Unausgesprochen natürlich.

Es dämmert, als ich den Laden verlasse. In diesen quasi skandinavischen Breiten hat das nichts oder ganz viel zu bedeuten, je nach Jahreszeit. Jedenfalls bedeutet es, dass es heute wohl wieder nichts wird mit der Uni. Ist langsam aber auch echt egal, irgendwann muss man sich entscheiden, auf welcher Seite des Schreibtisches man sitzt. Und wenn man sich entschieden hat, auch noch, welche Art Künstler man ist:

der Beobachter oder der, der alles selbst durchmachen muss. Vielleicht habe ich in beiden Fällen die unangenehmere Wahl getroffen, vielleicht die falsche. Vielleicht hat man ja in Wirklichkeit aber auch keine. Als Entschädigung jedenfalls habe ich ungefähr ein Jahr später aus einem sehr ähnlichen Laden auf der Veddel den »Universal Tellerwäscher« dröhnen gehört und damit das erreicht, was ich doch eigentlich wollte. Und ich wusste in dem Moment genau, dass ich irgendwann von irgendjemandem gefragt werden würde, und sehr wahrscheinlich würde ich selber dieser Jemand sein: Na? War das jetzt also dein Lebenswerk? Du hast also durch deine Reime die Angehörigen der höheren Bildungsschichten in der Indiedisko zusammengebracht, um ihnen das Sichkennenlernen zu ermöglichen? Und ich würde dann sagen können: Nein. – Jedenfalls nicht nur …

Night & Day, Wilhelmsburg, S3 bis Veddel, Bus 13 bis Vogelhüttendeich

Frank Spilker, Mitgründer und Sänger der Band *Die Sterne*. Zuletzt: *Räuber und Gedärm*, CD, V2/Rough Trade, 2006

Gunter Gerlach
Ein toter Fisch wird überfahren

»Ich erinnere mich noch, dass du damals mit afrikanischen Glücksbringern unterwegs warst«, sage ich. Ich habe Holger lange nicht gesehen. Wir sind in den *Saal* gegangen.
»Wie hieß deine hübsche Freundin damals?«
»Sophie.«
»Genau.«
»Ich sitze jetzt ein ganzes Jahr an diesem Drehbuch«, sagt einer hinter mir am Tisch.
»Mit den Glücksbringern hat mich das Glück verlassen.« Holger lacht.
Ein dunkelhaariges Mädchen geht vorbei, setzt sich an den Tisch vor uns zu einem Bärtigen.
»Da bin ich. Und, was willst du?« Sie legt ein in Zeitungspapier gewickeltes Päckchen auf den Tisch.
»Als ich auf Erdstrahlengeneratoren umstieg, hat sie mich verlassen«, sagt Holger.
»Was ist denn das?«, fragt der Bärtige und dreht das Zeitungspapier.
»Ich hab da alles untergebracht. Eine Liebesgeschichte, einen Kriminalfall. Das Drehbuch ist perfekt.«
»Was wird wohl immer noch in Zeitungspapier eingepackt? Du Idiot.«
»Fisch?«
»Erdstrahlengeneratoren?«

»Und hast du es mal bei der Drehbuchförderung versucht?«
Eine weibliche Stimme hinter mir.
»Die begreifen die Idee überhaupt nicht.«
»Was denn für ein Fisch?«
»Ist doch egal. Ich komme nur, um mit dir Schluss zu machen.«
»Und wie funktioniert so was?«
»Erdstrahlengeneratoren sind einfach Wasserbehälter, die lenken die Strahlen ab oder wandeln sie um, je nachdem, in welchem Winkel die auftreffen.«
»Wer braucht so was?«
»Es ist aus mit uns.«
»Man schläft besser.«
»Aber das ist ein totales Missverständnis. Mit Sophie war überhaupt nichts«, sagt der Bärtige.
»Sophie?« Holger dreht sich halb.
»Der Witz des Films ist, dass mein Protagonist immer einschläft.«
»Du hättest bei den afrikanischen Glücksbringern bleiben sollen.«
»Afrikanisch? Die hat Sophie doch in ihrer Kellerwohnung zusammengebastelt. Aber die liefen nicht mehr.«
»Stell dir mal so eine Szene vor, der fährt Auto und schläft plötzlich ein.«
»Aber ein Penner als Held?«
»Du hältst mich wohl für blöd. Ich hab doch Augen im Kopf. Du und Sophie …«
»Da war nichts, ehrlich.«
»Nach den Erdstrahlengeneratoren habe ich dann in Aura-Fotografie gemacht.«

»Und hast du Sophie mal wiedergesehen?«

»Die wohnt noch hier auf der Schanze.«

»Der Witz ist doch, dass der Zuschauer auch nur so viel weiß wie der Held. Die Zuschauer schlafen praktisch auch, wenn der Held schläft. Es gibt Lücken in der Handlung.«

»Aura-Fotografie war auch Scheiße. Einfach zu viele Leute mit schlechter Aura unterwegs. Ich hab dann Alienkommunikatoren verkauft.«

»Ich mach dir einen Vorschlag. Ich ruf jetzt Sophie an und gebe dir mein Handy. Du kannst selbst mit ihr sprechen.«

»Alienkommunikatoren, sind das so Funk-Empfänger?«

»Nee, so eine Art Geigerzähler. Die zeigen an, wenn ein Alien in der Nähe ist. Die sind ja alle verstrahlt.«

»Und der Witz ist, dass sich diese Lücken im Film nicht schließen, der Held muss sie rekonstruieren und die Zuschauer auch.«

»Im Weltraum ist ja alles verstrahlt wegen der Atomversuche. Das weiß ja kaum einer. Und die Außerirdischen müssen da durch, wenn sie zu uns wollen.«

»Sophie? Ich bin's. Ich sitze hier im *Saal* ... Was?«

»Aliendetektoren sind das, genau genommen.«

»Und wer kauft so was?«

»Die Produktionsgesellschaften arbeiten doch nur noch mit Volontären und Praktikanten.«

»Sophie, bitte. Hör mir mal zu.«

»Denen ist alles scheißegal, die kriegen ja auch kaum Geld. Was willst du von denen erwarten? Die haben alle selber ein Drehbuch in der Schublade und blocken alles ab, nur ihre eigenen Drehbücher nicht.«

»Es gibt schon genug Verrückte, die sitzen auf gepackten Koffern, um von einem UFO abgeholt zu werden.«
»Guck dir doch das Fernsehprogramm an, dann weißt du Bescheid.«
»Ist ja alles klar, Sophie. Mach ich auch. Nur im Augenblick hab ich ein anderes Problem ... Ich sitze hier mit Nicole ... und –«
»Ich weiß nicht, was das soll, was soll ich mit der reden? Ich gehe jetzt.«
»Diese Dinger waren auch viel zu teuer. Aber jetzt hab ich die Geschäftsidee. In einem Jahr hab ich meine erste Million zusammen.«
»Augenblick mal, Sophie. Nicole, bitte setz dich wieder hin. Wir müssen das klären.«
»Ich muss gar nichts.«
»Und dann kannst du auch noch sicher sein, die klauen dir deine Ideen. Du gibst denen ein Drehbuch, und die kopieren es und geben es dir sofort zurück und sagen: Genau das haben wir schon von einem anderen Autor vorliegen. Und dann schreiben die das selbst.«
»Wenn du mir schwörst, es niemandem zu sagen, dann erzähl ich dir die Idee.«
»Sophie, bitte. Ich gebe jetzt das Telefon an Nicole. Ja?«
»Ich weiß gar nicht, warum ich mit Sophie reden soll? Kannst du mir das mal erklären?«
»Weißt du, ich bin auf der Suche nach magischen Orten, und daraus mache ich einen Stadtplan. Das wird der Renner.«
»Frag sie, wo sie am Wochenende war.«
»Und wenn du das vorher bei einem Anwalt oder Notar registrieren lässt?«

»Das nützt dir nichts. Du wirst beschissen.«

»Was denn für magische Orte?«

»Sprich mit Sophie. Frag sie. Sie war das ganze Wochenende auf dem Land.«

»So Orte, wo es dir besser geht. Du fühlst das sofort, da ist irgendeine Magie im Gange. Solche Orte gibt es überall. Sogar hier im *Saal*.«

»Der Witz ist doch, die brauchen nur ein bisschen die Story zu ändern, schon ist dein Copyright dahin.«

»Ich mache da nicht mit. Was soll das, was wollt ihr mir vormachen?«

»Nicole, bitte, du wolltest es doch.«

»Und was machst du jetzt, wenn das mit dem Drehbuch nicht läuft?«

»Sag mal, du tickst wohl nicht richtig. Ich wollte mit Sophie telefonieren?«

»Ich schreibe einen Roman.«

»Weißt du, wenn du dich hier umsiehst. Zum Beispiel die Barhocker, die haben unterschiedliche Höhen. Da links der kleinste in der Ecke, das ist ein magischer Ort. So was fühle ich. Ich bin da so eine Art Medium.«

»Und was passiert, wenn ich mich da hinsetze?«

»Bitte setz dich, Nicole, und nimm das Handy, hier.«

»Ich hab so eine Idee von einem Typen, der immer krank ist. Verstehst du?«

»Spielt der Roman im Krankenhaus?«

»Behalt dein Scheißhandy.« Das Mädchen packt den Fisch und geht zur Tür. Der Bärtige rennt hinterher. Draußen redet er auf sie ein.

»Meine Idee ist, der ist krank und alle, denen er begegnet,

sind auch krank. Und irgendwann kommen die auf die Idee, alle Gesunden anzustecken.«
»Wie in einem Horrorfilm.«
Holger dreht sich um. Das Handy liegt noch auf dem Tisch. Er nimmt es auf. »Sophie? Bist du noch dran. Schön. Also, wir sitzen hier im *Saal*. Es wäre besser, du kommst jetzt mal rum.«
»Welche Sophie ist denn das?«
»Keine Ahnung, mal sehen.«
»Der Witz ist, als die Kranken alle Gesunden anstecken, trifft der Held auf ein hübsches Mädchen.«
»Guck mal, die fangen da draußen an, sich zu prügeln.«
»Und natürlich verliebt er sich in sie. Und jetzt will er die nicht anstecken. Aber wenn er sie liebt, steckt er sie automatisch an. Verstehst du?«
»Ja, ist ja klar.«
Das Mädchen draußen schreit den Bärtigen an. Er zerrt an ihr. Sie schlägt nach ihm. Das Fischpaket fällt zur Erde. Sie hebt es auf, der Mann reißt es ihr aus den Händen und wirft es auf die Straße. Das Papier entrollt sich. Ein toter Fisch wird überfahren.
Sophie kommt.
Holger springt auf. »Ich dachte mir, dass du es bist.« Er umarmt sie. Dann schickt er sie mit einer Handbewegung an den Tresen, dirigiert sie auf den Platz mit dem kleinen Hocker. Er winkt mir. »Wir reden später.«

Saal II, Schulterblatt 83, Schanzenviertel, S21, 31, U3 Sternschanze

Gunter Gerlach, geboren 1941 in Leipzig. Zuletzt: *Melodie der Bronchien*, Rotbuch Verlag, 2007

Stefanie Richter
Draußen ist es hell

Damit zwinge ich ihn in die Knie, denke ich und drücke auf Play. *Ich nehm deine Katze und schüttel sie aus/Bis alles herausfällt/Was sie jemals aus meiner Hand fraß*, singt Sven Regener. *Alles was du nicht magst, lobe ich mir/Ich werd einfach so rein und so dumm sein wie weißes Papier.* Ich schaue rüber zu meinem Exfreund. Ungerührt wühlt er in seiner Plattenkiste. Unglaublich: »Weißes Papier« von *Element of Crime*, das absolut ultimative Trennungslied, scheint ihn kaltzulassen. Dafür bricht vor unseren Augen die Tresenfrau zusammen. Sie legt den Kopf auf die Arme, stützt sich am Spülbecken ab. »Oh, das ist so schön«, seufzt sie, als sie den Kopf wieder hebt. »Das habe ich nach der Trennung von meinem letzten Freund mindestens eine Woche lang gehört. Ihr wollt mich wohl fertig machen!«
Nein, eigentlich wollen wir uns gegenseitig fertig machen. Oder unsere beendete Beziehung fertig machen, sie bestenfalls noch einmal richtig abschließen. Vielleicht auch ein wenig feiern. Wird sich zeigen, ob das so eine clevere Idee war: Platten aufzulegen mit dem Exfreund, ein halbes Jahr, nachdem Schluss ist. Und dann auch noch ausschließlich Songs, die von gescheiterten Beziehungen handeln. Doch zum Glück sind nicht alle Trennungslieder traurig oder sentimental. Manche sind sogar äußerst erheiternd, wie zum Beispiel »Ciao!« von *Lush*. Da heißt es: *I've been so happy since*

I walked away, I never thought that I could feel as great as I do today, cause you were nothing but a big mistake, and life is wonderful, now that I am rid you. Als ich das Lied vor Jahren entdeckte, freute ich mich schon darauf, es zu hören, wenn ich tatsächlich mal in einer Trennung stecken würde. Ich wusste, das würde sich fantastisch anfühlen.

»Kennst du davon die Coverversion von *The Beautiful South*?«, fragt mich DJ Lovegord, der sich über die Anlage zu mir rüberbeugt. Kenne ich noch nicht, notiere ich mir aber sofort. Das liebe ich so an diesem Laden! Hier gibt es Menschen, die sich wirklich für Musik begeistern können. Außerem hat man als DJ in der Hasenschaukel den originellsten Platz der Stadt, Plattenspieler und Mischpult sind direkt hinterm Tresen aufgebaut. Wenn die Barfrau eine Bionade aus dem Kühlschrank holt, muss ich einen Schritt zur Seite machen. Unsere Plattentaschen stehen auf leeren Störtebecker-Kisten. (Die meisten Gäste trinken Flaschenbier, eigentlich Astra.) Ein wenig eng ist es schon. Aber man hat einen tollen Überblick und kann bestens beobachten, wer kommt und geht. Am Wochenende laufen draußen vor dem Fenster nur Idioten durch die Silbersackstraße. Warum die nicht reinkommen, begreife ich nicht. Aber natürlich kann es mir nur recht sein.

»Geil, Sabrina Setlur!«, ruft ein Freund von mir, als ich zu vorgerückter Stunde »Du liebst mich nicht« spiele. »Kein Wunder, dass er dich verlassen hat«, raunzt mich der Stammgast an, auf dessen umgedrehter Ledermütze eine Sonnenbrille steckt, die er nie aufsetzt. Da läuft gerade *U2s* »With or without you«, eine Platte, die ich mir extra für den Abend gekauft habe. Ich sage: »Wegen meines Musikgeschmacks haben wir uns sicher nicht getrennt.« Doch das interessiert ihn überhaupt nicht. Mein Exfreund bietet an, dem Typen eine reinzuhauen. Weiß er doch, dass ich Gewalt nicht leiden kann. Erstaunlich, wie gut die Abstimmung zwischen uns immer noch klappt. Im Pingpongsystem legen wir abwechselnd Lieder auf. *Joy Divisions* »Love will tear us apart« hat er in mindestens vier Coverversionen dabei. Von »I will survive« habe ich immerhin drei gefunden. Ihm einen reinwürgen zu wollen, wird immer unwichtiger.

Immer wieder versuchen Leute, Getränke und Cupcakes bei uns zu bestellen. Doch dafür sind wir nicht zuständig. Ich selbst bin unentschlossen: betrinken oder lieber nicht betrinken? Vielleicht wird es ja später noch wichtig, einen kühlen Kopf zu bewahren. »Du wirst doch wohl nicht rückfällig?«, fragt mich meine Freundin, als ich ihr im Keller auf dem Klo begegne. Ich kenne keine schöneren Toilettenräume in St. Pauli als die der Hasenschaukel. Gezeichnete Elefanten, Frösche und natürlich Hasen schmücken die Tapeten. Die Elefanten wippen mit den Fröschen (die Elefanten sitzen oben), die Hasen schaukeln. Alle lächeln. Meine Freundin schaut mich mahnend an. Sie hat beobachtet, wie viel Spaß das Trennungslieder-DJ-Team hat. Sie befürchtet, er könne mir noch einmal wehtun. »Keine Angst, da passiert auf gar keinen Fall etwas«, verspreche ich ihr. Und wie zum Beweis lege ich, als ich wieder oben bin, Stephan Remmler auf: *Alles hat ein Ende nur die Wurst hat zwei.* »Jawoll, mein Schatz, es ist vorbei«, singe ich begeistert mit. Dass der Angesprochene das offenbar gar nicht lustig, sondern geschmacklos findet, steigert meine Laune nur.

Um sieben Uhr morgens spielen wir das letzte Lied, trinken

den letzten Schnaps (irgendetwas gesundes Selbstgebrautes, spanisch), und gegen halb acht verlassen wir die Hasenschaukel. Draußen ist es hell, die Idioten sind weg, die Stadtreinigung hat begonnen, ihren Müll aufzukehren. Mein Exfreund, der auch immer noch mein Nachbar ist, trägt meine Plattentasche auf der Schulter. Einträchtig laufen wir über die Reeperbahn, die Köpfe voll schöner Melodien. Vor meinem Hauseingang wünschen wir uns einen guten Schlaf. Diesmal knalle ich ihm nicht die Tür vor der Nase zu, sondern lasse sie sachte ins Schloss fallen.

Hasenschaukel, Silbersackstraße 17, St. Pauli, S1, 2, 3 Reeperbahn

Stefanie Richter, geboren 1973 in Hamburg. Veröffentlichungen in Zeitschriften und Anthologien.

Finn-Ole Heinrich
Ich werde Dostojewski lesen

Die kleine Flamme zittert unsicher im Wind. Sie zuckelt ungleichmäßig aus dem rosa Einwegfeuerzeug. Ich rauche, trinke, rauche, trinke. Ein Rhythmus wie Atmen. Manuel sitzt neben mir, glotzt und macht mich nach. Er sieht aus wie ich, nur dumm und albern. Dann hustet er vom Rauchen. Ich nehme den Finger von dem kleinen Gashebel, die Flamme stirbt, und ich drücke die heiße Metallfassung auf meinen Unterarm. Ich möchte ein kleines Zischen hören; von Haut, die verbrennt. Manuel zieht seine Oberlippe zur Nase und sagt »Aua«. Ich sage nichts, zerdrücke nur meine leere Bierdose und schmeiße sie über das Geländer und zähle: eins, zwei, drei. Dann Klackern. Drei Sekunden freier Fall von hier, vom Parkhausdach bis zum Boden. Ich gucke Manuel an, er guckt zurück mit seinem offenen Maul. Ich fange an zu erzählen. Ich erzähle Manuel immer alles. Bei Manuel ist es egal. Irgendwie ist er der Einzige, der wirklich immer bleibt, ganz egal, was passiert. Ich erzähle, er kratzt sich von Zeit zu Zeit am Bauch und grunzt leise. Eine Scheißgeschichte.

Paula wusste natürlich nichts von meinem Job, nichts von meiner Familie und so weiter, weil ich gedacht hatte, sie würde sich ekeln oder über mich lachen, im besten Falle mich bemitleiden. Es ist noch keine 24 Stunden her: wir sitzen an der Theke, gleich fängt meine Schicht an. Sie wollte ja unbedingt alles wissen: was ich arbeite und wo und meine Familie kennenlernen. So ist Paula: will immer alles wissen, fragt einen ständig Sachen: Was magst du gar nicht? Und fängt dann an zu brabbeln, bevor man selbst etwas sagen kann: »Also was ich nicht leiden kann, ist, wenn einem die Zahnpasta aus dem Mund über den Stiel der Bürste in die Hand läuft.« Solches Zeug. Paulas Leben ist ein ewiger Kindergeburtstag. Sie passt auf eine ferne Art erstaunlich gut in diesen Laden, besser als ich irgendwie, nur dass sie natürlich nicht das Verbrauchte der Gestalten hier hat. Aber reden kann sie, reden ohne Ende, Fragen stellen, lachen, zuhören und zu allem Müll eine eigene Geschichte finden. Natürlich, sie findet das alles hier spannend und vollkommen aufregend, so cool, so hip. »Ich mag diese Hamburger Spelunken«, lachte sie mir breit ins Gesicht, als ich mit der Sprache rausrückte. Das sagt sich so leicht mit ihren Elfenbeinzähnen und dieser hellen Blankeneseschhaut. Schön, wenn man Tourist im Asi-Land ist, klar. »Die sind doch alle voll nett hier«, sagt sie, als wir an der Theke sitzen, und guckt sich übertrieben aufgeschlossen um. »Mh«, sage ich, und Väterchen stellt uns zwei Bier hin. »Oh, Papa, is zwei Uhr!« Er zuckt die Schultern, und im gleichen Moment fällt Asche von der Zigarette, die in seinem Mundwinkel hängt, Paula lacht laut und trinkt die Flasche in einem Zug halb leer und rülpst. Thema: Street-Credibility. Väterchen guckt mich schief an und nicht sie und versteht mich nicht, sagt: »Häh? Fängt doch gleich an, deine Schicht.« Mein grimmiger Blick, Paula schert sich nicht, funkelt nur im Raum herum. Sie studiert Philosophie und

Literaturwissenschaften, sie hat hier nichts zu suchen, finde ich. Ich habe mich in sie verliebt, als ich sie im Park habe liegen sehen, mit Dostojewski in der Hand, sich selbst in die eigenen Locken gewickelt, ihr Marienkäfergesicht, ich möchte mit zu ihr, in den Park, in ihre Bücher, ihre Stimme, möchte in ihr Gesicht sehen bei dem schönen Licht, das sie immer umgibt, ihre Lippen ansehen, bei denen ich immer an ausgedehntes Frühstück mit frisch gepresstem Orangensaft und französischem Milchkaffee denken muss. Warum sitzen wir in dieser Kneipe, in der keiner sitzen will. Und Paula steht auf und drückt gicksend Knöpfe auf der Jukebox. Sie blättert, dreht sich, trinkt, macht »Huh«. Hinter uns an den Plastiktischen sitzen Bille und Heiner, der Schnacker. Lutz diddelt vorne an den Automaten. Es piept und blinkt, gluckert und klimpert, vor den Glasbausteinen zur Straße hin wischen Gestalten vorbei, und ich frage mich, wann der Besuch in meinem bekackten Leben vorbei ist. Eine Frau wie Paula passt nicht an einen Ort wie diesen, an dem sich die Welt so wenig Mühe gibt. Sie kommt wieder an den Tresen, schwingt sich auf den Hocker, dreht sich und stößt mich an: »Erzähl mal.«
»Was?«
»Ja, wie das so is, hier zu arbeiten.«
»Ungeil.«
»Jetzt komm.«
»Bier ausm Kühlschrank, aufmachen, hinstellen, Strich machen. Ab und zu 'nen Klaren dazu, Strich machen. Mal 'nen Aschenbecher sauber machen oder ein Glas. Sonst nur: Gelaber anhören, nicken und keine Fragen stellen.«
»Aber die ganzen Leute hier …«

»Assis«, flüstere ich.
»Ja«, sagt Paula, »aber irgendwie geil, oder?«
»Ne.«
»Nicht?«
»Alles Verlierer, Alkis, halbe Penner.«
Die Tür geht auf, Manuel kommt hereingestürmt, mit seinem feinen schwarzen Anzug und den Cowboystiefeln, die ich ihm vor zwei Jahren zum Geburtstag geschenkt habe. Er klingelt laut mit seiner Glocke und ruft »Post, Post!«. Väterchen geht um den Tresen herum. Manuel hat einen ganzen Stapel Briefe in der Hand. Er bimmelt noch immer, und Lutz dreht sich von seinem piependen Automaten zu ihm hin und sagt: »Alter, Monguel, hör auf zu bimmeln, sonst kriegste auf die Fresse!« Die Briefe schnurren durch Manuels Hände. Väterchen steht vor ihm und wartet. Paula fragt: »Wie hat er ihn genannt?«
»Monguel. Das ist so 'n Witz, weil er 'n Mongo ist.«
»Down-Syndrom.«
»Ja, genau, versteht der eh nicht. Ey, Manuel!«
Er hört auf zu sortieren und glotzt mich an, wie ein Hund seinen Fressnapf.
»Zeig mal meiner Freundin deine Schuhe.«
Manuels Augen gehen an, er kriegt das Grinsen und klackert zu uns rüber, der dicke Manuel in den dünnen, spitzen Schuhen, stellt sich auf und präsentiert seine Cowboystiefel von allen Seiten, grinst und glotzt auf Paulas Titten. »Callboystiefel«, sagt er laut und stolz. Paula schluckt, ich lache und sage: »Hab ich ihm erzählt«, und lache wieder und schlage ihr leicht aufs Knie und zeige auf mich und nicke. Findet Paula nicht besonders komisch, Witze über Behin-

derte, dafür ist Paula zu korrekt, das hätte ich mir denken können, sie kennt Behinderte nur aus Sozialprojekten, aus rührenden Filmen und einem Praktikum bei der Lebenshilfe, nicht aus dem Leben. Ich finde: im Leben darf man Witze über Behinderte machen, sie sind nun mal auch witzig. Ich trinke Bier und Paula freundet sich mit Manuel an und er sich mit ihren wunderschönen Brüsten. Er erzählt ihr, dass er dem Briefträger hilft, schon seit zwei Jahren in den fünf Straßen rund um unsere Kneipe die Post ausliefert, ganz zuverlässig. Paula ist gerührt.

Wir sind seit sieben Wochen und fünfeinhalb Tagen zusammen. Es ist großartig und wunderbar. Nur, dass man nicht wirklich mit ihr zusammen sein kann, eher bei ihr, um sie herum. Man muss sie erobern, man muss ihr immer was bieten, Einfälle und Ideen haben, Pläne, und immer das Gegenteil vom Normalen machen, was anstrengend sein kann. Ich schlafe kaum noch, seit ich Paula kenne, und habe ein Notizbuch und denke ständig nach, womit ich sie bei Laune halten kann, womit ich interessant bleibe. Aber es ist, bei aller Müdigkeit, das Beste, was passieren kann: diese Wachsamkeit, das ständige Auf-Trab-Sein, es ist nicht möglich, so viel zu erleben, wenn man nicht einen Menschen um sich hat, der einen zum Erleben zwingt. Mit Manuel kann man prima popeln, auch kuscheln oder murmeln, mit Rami kann ich kiffen und Hiphop hören, mit Kasper gehe ich ins Kino und tausche Pornos, alle normalen Sachen; und mit Paula geht es rund. Paula ist wie Koffein auf Lunge.

»Stell mich mal vor«, sagt Paula, und ich habe nicht das geringste bisschen Lust dazu. Sie setzt sich zu Heiner und Bille an den Tisch, ausgerechnet Bille. Ich glaube, Paula kann sich zu jedem und an jeden Tisch setzen, wenn man ihr Gesicht sieht, denkt man an Knospen und Mohnblumen, an Buttermilch und das Gefühl, das man direkt nach dem Duschen hat, und man mag sie, ganz automatisch.

»Paula«, sagt Paula.

Ich sage: »Heiner«, und zeige auf Heiner und nuschele: »Bille«, und zeige auf Bille.

»Wie bitte«, sagt Paula, weil sie nicht verstanden hat, wie Bille heißt.

»*Was* heißt das und nicht *wie bitte*«, korrigiert Bille schroff, und Paula muss lachen und ich sage: »Bille«, und zeige nochmal auf Bille. Heiner nickt und erzählt weiter: »Man kann ja alles formen an seinem Körper, ne?!«, dieser Schnacker, »ich hatte zum Beispiel 'ne Knollennase«, und er zeigt auf seine Knollennase, die er immer noch hat, »aber ich hab jeden Abend vor dem Schlafen so kleine Plastikplättchen mit Pflästerchen ganz feste drumgeklebt, und jetzt guck mal«, sagt er zu Bille und genießt, dass ihm jetzt mehr Leute zuhören, und zeigt auf seine angebliche Stupsnase. »Knorpel«, sagt Heiner, »formbar wie kleine Kinder.« Er lacht. Dann zeigt er seine obere Zahnreihe und sagt etwas undeutlich: »Und die Zahnlücke hier«, er meint zwischen seinen Schneidezähnen, »diese Madonna-Zahnlücke, die ist auch gezüchtet, erst Papier, dann Plastik, dann Streichholz.« Er grinst sein penneriges Madonna-Grinsen, ich drehe mich um und gehe hinter den Tresen, ich halte diesen Stuss nicht aus. Väterchen packt seine Sachen zusammen. »Kommst heut Abend zum Essen?«, fragt er. Ich zucke die Schultern.

»Dann kam Paula rein, weißte«, sage ich zu Manuel und gucke ihn lange an, »wusste ich ja, dass das 'ne bekloppte Idee ist, zusammen in die *Blaue Stube*.« Er hat ein paar Gesichtsausdrücke zur Verfügung, die er sich antrainiert hat. Er kann Freude, Überraschung, Betroffenheit, Wut und Angst. Dann gibt es noch eine Reihe unkontrollierter Gesichtsausdrücke natürlich. Aber gerade ist er konzentriert und guckt betroffen. »Kannst dir ja vorstellen, was dann los war, diese fette Kuh vor mir auf Knien und dann Paula. Klar hab ich noch versucht, was zu retten, aber …«, meine Stimme zittert davon, ich fange an zu heulen. Manuel kommt rübergerutscht, legt seinen Arm um mich und seine klumpige Hand wischt ohne jedes Gefühl über meine Wange, als wolle sie etwas abwischen. Manuels Art zu streicheln, auf eine rührende Art behindert, sogar jetzt.

»Nicht weinen«, sagt er und drückt mir seine Flasche Bier in die Hand, ein kleiner sabbriger Rest schwappt am Flaschenboden hin und her. Ich freue mich über so viel Zuneigung. Die verbrannte Haut an meinem Oberarm ist rosa wie Ferkelfleisch und langsam färbt sich die oberste Schicht weiß, es brennt wie Hölle. Was für eine Schwachsinnsaktion, denke ich, küsse die Stelle und puste auf den Speichel. Unter uns rumpeln Autos aus dem hässlichen Parkhauskasten auf die Straße. Paula ist verloren, hinter den Dächern verschwindet die Sonne, Manuel trampelt einen ungelenken Rhythmus mit den Absätzen seiner Cowboystiefel, kramt in seinem Schulranzen und hält mir Lakritzschnecken hin. Er hat recht: Lakritzschnecken, das Leben geht weiter.

Heiner, in seinem Übermut, den ihm die zwei Frauen an seinem Tisch bescheren, bestellt mit der Hand eine Runde Bier. Ich mache die Flaschen auf, mache Striche und trage sie rüber, laufe auf den Tisch zu und kann meinen Blick nicht von Billes fettem Arsch nehmen, der zu beiden Seiten über den Stuhl quillt, und von ihren Armen, die wie Specksäcke aus dem zu engen grauen Shirt hängen, rot gepunktet, dellig und weiß ihr Fleisch, dazu ihr fettiges, glattes, dünnes Haar. Ich stelle das Bier ab und höre, wie Heiner zum hundertsten Mal die Geschichte von seinem komischen Job erzählt: dass er angeblich von einer großen Filmfirma, deren Namen er natürlich zu verschweigen verpflichtet ist, aber Miramax zum Beispiel, angeheuert worden ist, immer fleißig ins Kino zu gehen und alle möglichen Konkurrenzfilme, also von Warner zum Beispiel, heimlich abzufilmen und zum Download ins Netz zu stellen. Um die Konkurrenz zu schwächen. Keine Ahnung, ob das stimmt oder nur eine dieser unendlich vielen und hundertfach wiederholten Kneipengeschichten ist. Es ist mir auch egal. Er versäuft jedenfalls alles Geld, was er verdient oder auch nicht verdient bei uns, in der *Blauen Stube*. Ich rieche Billes ranzigen Schweiß unter dem billigen Vanilleparfum und mir wird schlecht. Ich lächle Paula kurz zu, aber sie hängt an den knorpeligen Lippen von Heiner, lacht und speichert, speichert, speichert, was sie grad erlebt, die fremden Leben, die fremde Welt. Alles, alles, alle Scheiße macht sie reicher und noch schöner und interessanter. Ich trotte zurück und stehe einen Moment. Ich gucke noch einmal zum Tisch rüber, sehe nur die fette Bille, und tatsächlich dreht sie sich genau in diesem Moment nach mir um und grinst ein widerwärtig zweideutiges Lächeln. Ich sehe schnell weg und gehe aufs Klo. Entweder zum Pinkeln oder zum Kotzen, ich weiß es noch nicht genau.

Ich stelle mich vor das Pissoir, überlege einen Moment und entscheide mich für: Pinkeln. Mit einem herrlich satten Strahl schiebe ich den pissgelben Toilettenparfumwürfel in der Schüssel hin und her. Es riecht eklig und nach Zitronenkonzentrat. Dann geht die Tür und ich drücke doller, um schnell fertig zu werden. Ich lege den Kopf in den Nacken, erlöst, und tropfe ab, schwenke genüsslich hin und her, als plötzlich eine fremde Hand an meinen Schwanz fährt und beherzt zupackt. Ich drehe mich ruckartig.

»Bah. Bist du bescheuert.« Ich haue ihre Hand von meinem Schwanz.

Sie grinst, dass ich die braunen Zwischenräume ihrer Zähne sehen kann.

»Lass mich doch, nur 'n bisschen massieren.«

»Du kannst mich mal!«

»Mehr will ich doch gar nicht.«

»Vergiss es.«

»Ich will dir nur kurz einen blasen«, sie geht in die Knie und ihre Hand zielsicher in meinen Schritt. Sie blickt zu mir auf mit ihrem Pornoblick, den sie sich irgendwo abgeguckt und eingeübt hat wie Manuel seine Gesichtsausdrücke. Diese fette, hässliche Kuh hat keinen Funken Anstand.

»Du hast doch einen an der Waffel! Du hast doch gesehen, dass ich mit meiner Freundin hier bin!«

»Na und«, sagt sie und ist mit ihrem heißen, feuchten Mund schon ganz nah an meinem Schwanz, ihre Hände auf meinen Arschbacken, presst sie sich an mich heran, ich versuche sie auf Abstand zu halten.

»Lass den Scheiß, ich will nicht!«

»Du willst bestimmt auch nicht, dass sie erfährt, wer dich entjungfert hat ...«, sagt sie und lacht ein so hässliches Lachen wie sie selbst von allen Seiten aussieht. »Lass mich kurz deinen Schwanz lutschen und sie erfährt nichts«, und schon hat sie meinen Schwanz im Mund und nuckelt und saugt. Mir wird flau im Magen, ich kann nicht glauben, was hier gerade passiert. Stehe ich im verpissten Klo der furchtbaren Kneipe meiner Eltern, vor mir ein verpennerter Fleischberg in der Hocke, der meine Eier zusammendrückt und meinen Schwanz lutscht aus reiner Eifersucht auf meine wunderhübsche und bezaubernde Freundin, die nur eine Tür und fünf Meter weiter an einem Tisch sitzt und begeistert ist über meinen Nebenjob. Über mir, in unserer Wohnung, steht meine Mutter ganz sicher schon am Herd und kocht irgendeine Pampe zusammen, trinkt Likör dazu und singt laut mit, was NDR 90,3 ihr in den Abend wirft. Mir ist schlecht. Dann höre ich Schritte, Bille schmatzt genüsslich, ich will sie von mir drücken, aber sie hat sich festgesaugt wie ein Blutegel, dann geht die Tür auf und – wie sollte es anders sein – Paula steht in der Tür. Sie konnte nicht wissen, welches Klo für Männer und welches für Frauen ist. Wie lange schon sage ich Väterchen, er soll endlich Schilder anbringen. Immer sagt er nur: »Mach doch selbst, mir völlig schnurz.« Hätte ich doch nur, denke ich, als ich in Paulas Gesicht sehe, ihre entsetzten Lippen und an Frühstück mit frisch gepresstem Orangensaft und französischem Milchkaffee denken muss und daran, dass jetzt alles aus ist.

Ich stecke mir noch eine Zigarette an und bin erstaunt: Zigaretten und Lakritzschnecken gehen unglaublich gut zueinander. Wir drehen uns beide um und lehnen über das Geländer, lassen dunkelbraune, riesige Spuckeflatschen durch die Luft wirbeln, sehen ihnen zu, wie sie sich im Fall verwirbeln, und versuchen, das Klatschen auf dem Bürgersteig zu hören. Leider laufen keine Menschen unten herum. Das wäre amüsanter. Ich fasse einen Plan für die Zukunft: ich mache es wie Paula. Ich lasse mich erobern. Wer mich haben will, soll Notizbücher voll von brillanten Ideen zu meiner Unterhaltung mit sich rumschleppen und ständig überlegen, wie er mich noch überraschen kann. Ich hingegen lege mich in den Park und in die Sonne, lese Dostojewski, und wenn mich jemand fragt, was ich von dem Leben erwarte (und das werden die Leute, speziell: die Frauen, fragen), zucke ich mit den Schultern, erzähle von Manuel, dem behinderten Postboten mit den Cowboystiefeln, meinem Tresenjob in der *Blauen Stube* und erfinde mir ein Studium. Dann sage ich: »Es gibt so viele Möglichkeiten, glücklich zu leben«, und gucke verträumt durch die Gegend und zucke mit den Schultern und lächle so ein Lächeln, das ich vorher vor dem Spiegel üben werde. Warum sollte das nicht klappen. Ich beiße Manuel in den Oberarm, er lacht mit dem Mund, dann mit dem Hals, der Kehle, schließlich in den ganzen Bauch hinein, versucht, mich loszuwerden, und wir wälzen uns auf dem Parkhausdach und messen, wer von uns stärker ist. Das, denke ich, ist doch die eigentlich entscheidende Frage: wer stärker ist. Na ja.

Blaue Stube, St. Pauli, dritter Hinterhof, U3 St. Pauli

Finn-Ole Heinrich, geboren 1982 in Cuxhaven. Zuletzt: *Räuberhände*, Mairisch Verlag, 2007

Dietrich Kuhlbrodt
Das Mini-Lokal

Schon vom Blankeneser Kiez gehört? Wenns den überhaupt gibt, dann an der Küste, womit die Elbe gemeint ist, die eigentlich noch 100 Kilometer zur Nordsee hat. Zu den beiden Pontons kommt man über eine Brücke, die mal steil runtergeht, mal hoch hinaus, weswegen auf das Holz Querrippen genagelt sind, damit man auch bei 2,5 Promille wieder nach Hause kommt, egal ob Ebbe oder Flut ist.
Auf den einen der Anleger ist noch ein Ponton gesetzt, der aber nicht schwimmt, sondern fest ist. Das ist der Ponton op'n Bulln. Wer dahin kommt, ist Blankeneser von der Art, wie man sich vorstellt, dass sie so nicht sind. Der letzte Kapitän, der noch Kap Horn umsegelt hat, ist längst tot. Er wäre aber auch vorher nicht gekommen, weil er dort das Vorrecht nicht nutzen konnte, die Füße auf den Tisch zu legen. Ich könnte das nur aus gentechnischen Gründen tun, wenn ich mich auf meinen Vater beriefe, der in der Tat Kap Horn umsegelt hat, 1923, auf dem Forschungsschiff *Meteor*. Leider komme ich damit im Ponton op'n Bulln nicht durch. Denn einerseits bin ich nicht mein Vater, andererseits war die *Meteor* im Prinzip mit Maschinenkraft gefahren, wenn auch mit ölsparender Segelunterstützung (drei Masten), und da der Passat richtig stand, hat sie damals aus Gründen des Prestiges im entscheidenden Moment auf den Motor verzichtet. – Wenn ich bis heute nichts mit meiner Geschichte

geworden bin, liegt das daran, dass ich zwar gebürtig aus Hamburg bin, aber damit noch lange nicht in Blankenese geboren. Mir fehlt eine dänische Ahnenreihe, wenn ich auch im Osterweg wohne, der mit Ostern nichts zu tun hat, wohl aber mit Øster (Osten). Der Ostweg oder eben Østervej begrenzt zwar das Treppenviertel gen Elbchaussee und Elbvillen, er gehört aber nicht zum Jenseitigen, und die Nachbarn Ahlmeyer und Windmüller gingen zu Lebzeiten stets auf den Anleger, gut abgefüllt dann auch wieder mehr oder minder zurück. Der eine hatte die Aale dabei, die er in seinen Reusen gefangen hatte. Das gab in der winzigen Kneipe (damals zwei Stehtische, heute zwei zum Sitzen) einen speziellen Geruch, was aber nicht schlimm war, weil wir draußen saßen, wenn's ging, und das ging, wenn die Temperatur nicht unter 6 Grad war und die Windstärke nicht mehr als 6.

Ahlmeyer versorgte, wenn er wieder klaren Kopf hatte, die Nachbarschaft mit dem penetranteren, aber leckeren Geruch von Räucheraal. Vorher aber hatte er den Fang drei Tage lang in der Badewanne gewässert, damit die Elbchemikalien (Quecksilber, allerlei Säuren) aus den Fischen wieder rauskämen.

Was ich sagen wollte, ist, dass auf den Ponton-auf-den-Pontons keine Villenbesitzer kamen. Quiddjes wurden allerdings geduldet, wenn sie Touristen waren, das heißt aus Hamburg, Wedel, Basel, Minsk oder New York. Wir tranken damals Elbschloß und kommentierten die exotischen Besucher. Uns verstehen konnten sie nicht, wenn platt geschnackt wurde. »Kuck mal den, wie der kuckt!« Wat secht hei denn? »Kuck mal, die Flut kommt!« – »Wo ist die Welle?«

Nix Tsunami, aber eine Sensation war es doch, dass ich nach einem Vierteljahrhundert in Blankenese und trotz meines elbfremden Berufs mit dem Schiffszimmerer und dem Barkassenführer zusammensaß. »Tja, Herr Staatsanwalt, Sie sind da auch nicht klüger«, machten sie mich an, weil das hochdeutsch kam, und ich konnte wieder nicht gleichziehen, obwohl ich das plattdeutsche Wörterbuch dabei und von meiner Mutter noch Plattdeutsch im Ohr hatte, aber das war von meiner Sippe aus Vielank, also aus Mecklenburg, und wieso sollten die Blankeneser das Mecklenburger Platt draufhaben?

Außerdem saßen wir und schwiegen meistens. Wer das erste Wort sprach, hatte verloren. Es gab genug zu kucken. Draußen gibt's längs der Kajüte Bänke und Stühle, neuerdings einen Windschutz (gen Westen, also elbabwärts) und noch mehr neuerdings Minitische und Stühle, die man Richtung Wasser rücken konnte, also glatt drei Meter bis da, wo alle Stunde die Fähre nach Cranz festmacht, oder sechsmal am Tag der Katamaran nach Stade bzw. St. Pauli-Landungsbrücken. Radfahrer in Scharen, Putzhilfen aus den Asylbewerberanlagen auf der anderen Elbseite, kleine Kinder, die herumtollen und auf den Pollern sitzen, die Füße über dem Wasser. Ist ja auch toll, dass es keine Geländer gibt, denn wie sollten die Schiffe sonst anlegen? So viel, wie wir auch gekuckt haben: Wir haben weder ein Kind noch einen von uns, noch uns selbst in den Tidestrom fallen sehen. Allerdings waren wir abgelenkt, wenn die kiezaffine Bedienung gekonnt zwölf Biergläser auf einmal herumtrug und dazu noch irgendetwas Leckeres. Die Kartoffelsuppe war echt nahrhaft gewesen. Sie bestand aus gut gekochten Riesenkartoffeln mit einem Klacks Petersiliensoße. Aber nichts Hämisches jetzt bitte, vom Würstchen bis zur Tagliatelle gab's edel Serviertes auf Porzellanteller. Nix da Pappbecher und Kunststoffteller. Nä, der Ponton op'n Bulln hat Stil, die Bedienung auch, um es noch einmal zu sagen, denn sie sieht gut aus, ist ein bisschen frech, was ich gern mag, denn wenn sie mich duzt, weiß ich, dass ich dazugehöre. Ach, Manuela, ach, Moni! Überm Tresen hängt das Schild, das sie jeden Tag blank putzen: »Heute keine Pommes«. So ist es. Und doch ist das, was Idyll scheint, ein lebensgefährlicher Ort. Nicht, weil jeder jederzeit ins wenig durchsichtige, aber gesundheitlich unbedenkliche Wasser fallen und von der Tide sofort abgetrieben werden kann, nein, das wäre nicht die große Katastrophe, die da lauert und dich in ein Säurebad taucht, dass du nur Knochen bist, und das auch nicht lange. Moinmoin, ich will das gern erläutern.

Zwanzig Meter von den Pontons entfernt ist das Wasser mindestens 13,50 Meter tief. Das ist die Fahrrinne, in der die Massencontainer auf der Chinaroute verkehren, aber die haben einen Lotsen, der genau vor dem Ponton op'n Bulln an Bord geht (dann ist er Hafenlotse, und es geht elbaufwärts) oder von Bord (dann passiert die Havarie unterhalb von Blankenese, und das ist dann ja wohl egal). Nein, Gefahr droht von diesen Säuretankern, die aus dem Ruder laufen und ihren spitzen Bug in unser weiches Pontonholz bohren. Am Sonnabendmorgen, vier Uhr, war es dann so weit. Ich war nicht vor Ort. Um diese Zeit ist ja zu, auch wenn's Wetter schlimm kommt. Aber ich hörte jetzt den Knall und das Knirschen, berappelte mich mühsam, ich hab ja nur eine Minute an den Strandweg, sah aber nichts, dunkel war's und neblig. Am Vormittag dann der Gau: Der Anleger lag schief im Wasser und damit unsere Kneipe auch, und die Feuerwehr war dabei, Wasser aus den Pontons zu pumpen. Hin kam ich nicht, weil die Brücke zusammengeknickt war, sah aber den Bug des britischen 94-Meter-Tankers *Stolt Fulmar* frontal und brutal ins Schwimmwerk gedrückt, im Bauch 4 900 Tonnen 94-prozentige Schwefelsäure, die Wasserschutzpolizei hatte schon alles gecheckt. Die Duckdalben hielten den Anleger nicht mehr. Er drohte zu sinken. Wenn das der Duc d'Alba wüsste, er hatte noch zur Franzosenzeit für die technologische Neuerung gesorgt. Jetzt aber droht die Evakuierung Blankeneses! Und wohin wird der grade noch schwimmfähige Anleger mit dem geliebten Bierquell drauf jetzt geschleppt? Nach Schulau? Kann man denn da wenigstens wieder rauf, wenn man schon von Blankenese weg muss? Und reichen die drei Kilometer Entfernung vom Inferno? Vor einem Jahr war ja im Petroleumhafen der kleine Säuretanker *ENA 2* gekentert, und 900 Tonnen Schwefelsäure waren ausgetreten. Das war schlimm genug gewesen, weil dann das alltägliche Baden in der Elbe beim Anleger keinen Spaß mehr machte, jedenfalls bei Ebbe. In den Kapitän hatte ich mich damals einfühlen können. Er hatte nicht mehr als 2,1 Promille gehabt und den Schaden umsichtig begrenzt. Das ist, wie ich weiß, bei solchen Werten sehr gut möglich. Aber zurück zum Strandweg.

Alles war weg. Die Pontons. Das Minilokal. Die Brücke. Nur noch zwei sehr schiefe Duckdalben. Keine Schiffe mehr zum Anlegen. Kein Bier zum Trinken. Keine Fähre zu den fetten Marschwiesen gegenüber. Früher hatten die

Geestbewohner, zu denen auch das Treppenviertel gehörte, ihre mageren Bullen vom sandigen Karst nach drüben gebracht, ins morastige Paradies. Was hätten die gemacht, wenn die Fähre nicht gefahren wäre?

Ponton op'n Bulln, Strandweg 79, Blankenese, S1 Richtung Wedel, Bus 48 Falkentaler Weg

Dietrich Kuhlbrodt, geboren 1932 in Hamburg. Zuletzt: *Deutsches Filmwunder. Nazis immer besser*, Konkret Literatur Verlag, 2006

Andreas Münzner
Windmaschine

Ich war bestimmt schon ein paar Stunden unterwegs, wie so oft, einfach drauflosgegangen und nur da angehalten, wo man Leute sieht, die arbeiten, Autohändler, Straßenarbeiter, Kleingartenbesitzer, Jungunternehmerinnen in frisch angemieteten Souterrainateliers. Einer der nieseligen Tage wie ich sie mag, gleichmäßiges Licht, nichts, was die Aufmerksamkeit zu stark in Anspruch nähme. Ich bin ja nicht umsonst manches Mal schon stundenlang marschiert, ohne auch nur eine Minute stehen zu bleiben, weil einfach nichts Einladendes zu finden war, man kennt die Situation: Kommt erschöpft im eigenen Treppenhaus an, dass man die Stiegen kaum mehr schafft, die Hüftknochen schmerzen, die Sohlen brennen, und oben hängt man sich als Erstes an den Wasserhahn. An dem Tag ging ich diese Ausfallstraße entlang, schon mächtig im Unterzucker, keine Initiative mehr, interessante Nebensträßchen einzuschlagen mit Aussicht auf Abwechslung, ein Laster am anderen hooverte an mir vorbei. Vor mir ein älterer Herr mit südländischem Schnauzer und seine Frau, wie sie einen Kinderwagen schoben, immer wieder vorsichtig den Kurs korrigierend. Da seh ich das Schild über dem Eingang an der Ecke, den großen, mit einem rostigen Gitter bedeckten Ventilator, aus dem ein Wind kommt, der einen fast vom Gehsteig pustet, die mit Kreide beschriftete Tafel, die an der Kette hängt, die Fensterfront ohne Fenster, das heißt die Scheibe, die sie einfach in der Brüstung versenkt haben, den Raum dahinter, der wie eine Galerie aussieht (so leer, das sagt mir zu), und ich sage mir, die haben sie für dich da hingestellt. Drinnen begreife ich sofort, dass der erste Raum mit dem offenen Fenster nur für Partys ist. Ich mach die Tür auf, wo »Festes« dransteht, und muss gleich aufpassen, dass ich nicht die paar Treppenstufen hinunterpurzle. Vor mir, oder besser gesagt, halb unter mir, ein länglicher Raum, drin ein einziger langer Tisch, vielleicht die Größe eines Motorboots, und rechts an der Spitze, vor den wie bei Bierhumpen ausgebeulten Glasziegeln, eine u-förmige Bar um den Tischkopf, hinter der zwei Frauen in meinem Alter mit bunten Tüchern um den Kopf stehen und etwas hacken, die Gesichter halb verdeckt von der riesigen Abzugshaube. Am Tisch selber sitzen unterhalb der Bar ein jüngerer und ein etwas älterer Mann, in weißem Blaumann, an der gegenüberliegenden Längsseite drei recht herausgeputzte Frauen, die eine bestimmt schon über sechzig, und am unteren Ende ein Junge, der sich über eine Zeichnung beugt. Die Frauen löffeln eine Suppe aus einem überdimensionierten Teller, auf dessen Randflächen man noch die Spuren einer Gewürzdeko erahnen kann. Eben stellt eine völlig in weiß eingewickelte Frau, die ich noch gar nicht gesehen habe, eine Art CD-Ständer mit Brotscheiben auf den Tisch und kommt dann die Hände in die Hüften gestützt auf mich zu. Ich bin Johanna, sagt sie, holen kannst du die Teller bei uns oben, Besteck gibt's da hinten. Sie zeigt auf in die Wand eingelassene Holzfächer. Was habt ihr denn so?, frage ich leise. Hast du nicht gelesen draußen? Heute ist Artischockensuppe dran, danach Bandnudeln an einer *Salsa alla panna di cozze*, Miesmuschelsahnesoße. Klingt gut, und was gibt's sonst noch? Ach so, das ist es, sagt sie lächelnd. Bei uns gibt's Einheitsmenü, Einheitspreis fünf Euro, den Leuten schmeckt's, schau, sagt sie mit einer ausschweifenden Handbewegung über den Tisch. Setz dich hin, ich bring's dir ausnahmsweise. Ich fülle mir am in die Wand eingelassenen Hahn ein Glas Wasser und setze mich zu den Männern. Sie sind schon fertig und prosten mir zu. Bald schon habe ich auch ein Bier vor mir stehen, ich weiß nicht, woher. Die beiden sind jedenfalls Maler und haben so einiges zu erzählen, wir haben eine fabelhafte Unterhaltung über Arbeitstechniken. Sie sagen Sachen wie: Große Flächen muss man mental in kleinere aufteilen, zum Beispiel durch gedachte Verlängerungen von Fensterkanten und Unterteilungen in Rechtecke. Oder: Eine gelungene Farbmischung kriegst du nicht zweimal hin, da helfen alle Messbecher nichts. Oder ganz banale Sachen wie: Ecken und Kanten brauchen mehr Aufmerksamkeit als Flächen. Das alles interessiert mich ungemein. Irgendwann kommt Johanna und sagt, tut mir leid, war nur noch eine halbe Portion Nudeln da, und die Windbräute haben was improvisiert. Sie stellt einen länglichen Teller vor mich hin, drauf liegen zwei dicke Brotscheiben, drauf ein Haufen dieser extrabreiten Bandnudeln, da und dort lugt der gelbe Muskel einer Muschel hervor. Bandnudelbrot, sagt Johanna lachend und wischt sich die Finger ab, und hier hast du ein scharfes Messer. Ich esse und wende mich wieder den beiden zu, wir kommen vom Hundertsten ins Tausendste, die Ratschläge werden immer einfacher und bei den sich vor uns aufreihenden Biergläsern vermutlich nicht wirklich schlauer. Als ich auf die Toilette will, trete ich aus Versehen in eine Art Büro, in dem auf einem Sofa noch mehr so weiß angezogene Frauen mit bunten Kopftüchern sitzen, die mich sofort weiterscheuchen. Irgendwann verabschiede ich mich und nehme die nächste S-Bahn; im Ruckeln döse ich fast ein.

Das zweite Mal, als ich da war, hätte ich es fast nicht gefunden. Diesmal waren viel mehr Leute da, der ganze Tisch besetzt, ein ständiges Kommen und Gehen. Auf der Holzplatte Schüsseln mit einer Art Gemüseeintopf und Pasta, aus denen die Leute sich schöpften. Als ich mich in eine Lücke setzte, sah ich, dass neben mir die ältere der drei Frauen vom letzten Mal saß, stark geschminkt, zu stark geschminkt, wie mir aus der Nähe auffiel. Sie sah sofort zu, dass ich etwas zu essen hatte, gab mir je drei Kellen auf den Teller, viel zu viel, und erzählte irgendeine Geschichte über einen Mann, deren Anfang ich ganz offensichtlich nicht mitbekommen hatte: Sie habe ihm immer mal wieder einen Tritt in den Arsch gegeben, damit er seiner Frau wenigstens die Karosse anschaffe, zumal er bei ihr auch nicht gerade wenig liegen lasse. Sie habe übrigens jeden, der zu ihr gekommen sei, geliebt, auf die eine oder andere Art. Es gebe immer eine Art Intimität, auch wenn es eine rein geschäftliche Beziehung sei, mit der Zeit kenne man sich ja auch ein bisschen. Ich konzentrierte mich auf den Eintopf, in dem, wie ich erst jetzt sah, Sardellen schwammen, und irgendwann musste sie gehen, Termine, lachte sie, und ich lachte mit und runzelte die Stirn, als ich noch einmal nachdachte über das, was sie mir eben erzählt hatte.

Ich bin noch ein paar Mal da gewesen und habe mich einfach an den Tisch gesetzt und mit den Leuten geplaudert, auch abends kann man allein dorthin gehen und bei einfacher italienischer Küche, einem Glas Wein oder Bier einen netten Abend verbringen. Ich habe schon immer einmal an eine der Partys gehen wollen im vorderen Teil. Einmal nur bin ich – es musste gegen zwei Uhr morgens sein – mit einem Freund im Auto dran vorbeigefahren, sagte aber kein Wort, als wir am Rotlicht standen und die Leute im offenen Fenster sahen, vielleicht aus Angst, die Musik könnte mir nicht gefallen.

In Vento, von Eimsbüttel zu Fuß eine gute Dreiviertelstunde Richtung Norden, nach großer Kreuzung Ausschau halten

Andreas Münzner, geboren 1967 in Mount Kisco/USA. Zuletzt: *Geographien*, Verlagsbuchhandlung Liebeskind, 2005

Hendrik Rost
Tischfußball, Andrea und der Restalkohol

Das Telefon klingelt, ich nehme ab: »Hallo, hier ist Andrea.« »Ach, hallo«, sage ich überrascht, und in dem Moment setzte etwas in mir aus. Ich hatte Andrea erst in der letzten Woche im *Lunacy* getroffen, wir waren an der Bar aneinandergeraten, weil sie sich von hinten an mir vorbeidrängeln wollte und schließlich neben mir steckenblieb, da ich selbst kein Stück weichen konnte. Neben mir stand so ein Koloß, dem die Tätowierungen aus dem Kragen bis ins Gesicht hinaufwucherten. Den wollte ich nicht gegen mich aufbringen, indem ich für die Frau da hinter mir Platz schaffte. Also fragte ich sie, um die Situation zu entschärfen, was sie trinken wolle, und bestellte dann für sie mit: zwei Astra. Später traf ich sie im Gedränge wieder und wir brüllten uns eine Weile an, gegen die Musik und den Schwarm von Leuten, die durch den Raum pulsierten, um einen Blick auf das hintere dunkle Ende des Ladens zu werfen, die kleine Tanzfläche, die ranzigen Bänke und den Kicker. An mehr kann ich mich nicht erinnern. Mein Gefühl sagt mir, daß wir uns bestens verstanden haben, auch ohne genaue Worte, eher vom Pegel her, wenn es reicht, ab und zu ja zu sagen oder die Mimik zu wechseln. Daran änderte auch die vergeigte Kickerpartie nichts.

»Ich würde mich gern mit dir treffen«, sagt sie am Telefon, und mir kommt das ganz natürlich vor, als habe ich mich in Gedanken längst auf ein Wiedersehen eingestellt. Kurz darauf sind wir für nächsten Freitag verabredet, wieder im *Lunacy*. Ich lege auf. Just in dem Moment, als der Hörer nach dem kurzen Gespräch auf der Station andockt, schießt mir die Erkenntnis durch den Kopf: Das war die falsche Andrea! Das war nicht die Andrea von neulich, mit der ich ohnehin nie die Nummern ausgetauscht hatte. Das war Andrea aus dem Büro, der völlig falsche Mensch!

Wie komme ich da wieder raus? Aber von vorn: Ich trete ein, es ist düster und eng. Noch bin ich nüchtern und setze mich auf einen abgewetzten Leopardenfellhocker an der Bar. Kurz darauf bin ich nicht mehr ganz nüchtern, aber es ist noch nichts los um diese Zeit und man sieht, wie dunkel und abgerockt es hier ist, wenn das Volk die Sicht auf den Raum noch nicht verstellt. Eben lief noch ein ruhiges Stück von Holly Golightly, das jetzt könnte Tim Armstrong sein, der vom Umkippen und Wiederaufstehen singt. Darauf erst mal trinken. »Ein Astra und einen Mexikaner, bitte.«

Links und rechts wird an mir vorbeibestellt, immer wieder Mexikaner, Folklore-Abend ... Ich fühle mich um Jahre zurückgeworfen, Jahrzehnte gar. Damals hatten wir den *Schuppen*. Der Ort: Ein namenloses Kaff auf dem Land. Es gab einen Punkrocker, sonst nur die üblichen Kohorten von Mofafahrern und Fußballjugend. Das war Mitte der Achtziger, wir anderen waren ein paar Teddyboys, die notorischen Psychobillys vom Lande oder Waver. Mittwochs traf sich dann alles im Schuppen. Es gab gestreckte Getränke. Meistens kippten wir draußen Bier von Aldi, Kartoffelpils genannt, und zwar in Paletten. Der DJ im Schuppen spielte alles bunt durcheinander: Bronski Beat, Pink Floyd, Madness, Madonna – egal, wir standen draußen und hörten Musik, Mucke mit Bedeutung, aus einem Auto, am Straßenrand geparkt. The Clash, Ramones oder lokale Sachen wie Sunny Domestos ...

Mittlerweile sind Andrea und ich in ein Kickermatch verwickelt. Es steht aus einem Grund, den ich verpaßt habe, schon null zu vier. Ich bediene den Sturm, Andrea die Abwehr, aber etwas stimmt nicht, ich kann den blödsinnigen Ball überhaupt nicht sehen. Zack, und schon wieder haben wir einen im Kasten, ohne daß ihn meine wahllos gedrehten Spieler überhaupt berührt haben. Wo ist der Ball? Die Frau mir gegenüber, sehe ich erst jetzt, ist eine Japanerin, sie redet auf mich ein, weil ich Einwurf machen soll und dabei anscheinend etwas falsch mache. Was? Ich verstehe kein Wort, ihre Lippen bewegen sich, aber ich verstehe in meinem Zustand kein Japanisch, ich höre eigentlich gar nichts mehr. Schon jagt der verdammte Ball wieder übers Feld, und zack, zack. Das war's. Jetzt erst mal einen Mexikaner einwerfen.

»Wieso kickerst du so bescheuert«, fragt Andrea mich, als wir an der Theke sitzen. »Ich bin total blau, merkst du das nicht?« – »Nö«, sagt sie, »du wirkst ganz klar.« – »Ich bin fertig mit asiatischer Fitneß für heute.« Wenn wir dann im Laufe der Nacht noch unsere Telefonnummer ausgetauscht haben sollten, ich kann mich beim besten Willen nicht erinnern.

Es ist Freitagabend, kurz nach zehn, ich gehe zu dieser christlichen Zeit über den Hamburger Berg. Kaum jemand unterwegs, die Straße ist sauber, kein zerbrochenes Glas, nichts Erbrochenes. Ruhe vor dem Sturm. Ich trete ein und bin der einzige Gast, der DJ unterhält sich mit der Frau hinter der Theke, ich setze mich an einen der Hocker am Fenster und bestelle einen Wodka und kurz darauf einen White Russian. »Bist du versetzt worden?«, fragt die Kellnerin lächelnd. »Ja und nein«, sage ich. Um halb zwölf füllt sich der Laden langsam.

»Hallo.« – »Ach, hallo, Andrea.«

Lunacy, Hamburger Berg 25, St. Pauli, U3 St. Pauli/S1, 2, 3 Reeperbahn

Hendrik Rost, geboren 1969 in Burgsteinfurt/Westfalen. Zuletzt: *Im Atemweg des Passagiers*, Wallstein Verlag, 2006

Katrin Dorn
Gebärstreik am Familien-Eck

Als ich vor einigen Jahren nach Hamburg Ottensen zog, war es ganz einfach, die historische Bedeutung meiner neuen Heimat kennenzulernen. Ein fleißiger Geschichtsverein hat überall Gedenktafeln und Glasvitrinen aufgestellt, um an die Traditionen des einstigen Industrieviertels zu erinnern. Zum Beispiel an die bahnbrechende Initiative von Alma Wartenberg. Zu Beginn des 20. Jahrhunderts, als Armut und Kinderreichtum das Leben der Ottensener Arbeiterfamilien auf Trab hielten, rief sie als erste Frau zum Gebärstreik auf. Mit ihrer Aufklärungskampagne zum Thema Verhütung zog sie unermüdlich durchs Viertel. Ihr zu Gedenken gibt es heute den Alma-Wartenberg-Platz.
Ausgerechnet hier, am Platz der verdienstvollen Anti-Rezeptivistin, steht das *Familien-Eck*. Aber es ist nicht, wie ich zuerst vermutete, der Zufluchtsort letzter zeugungswilliger Väter, die sich vom Geschrei ihres schlaflosen Nachwuchses erholen. Almas Kampagne hat in Ottensen reiche Früchte getragen. Das *Familien-Eck* zumindest ist definitiv ein Single-Treff.
Wenn ich den Gesprächen der Stammgäste lausche, habe ich den Eindruck, daß das, was mit einem Gebärstreik der Frauen begonnen hat, sich als Zeugungsstreik bei den Männern fortsetzt.
Manchmal stehe ich vor der Glasvitrine von Alma Warten-

berg und frage sie, ob sie das wirklich gewollt hat: Einen Stadtteil voller Frauen und Männer im Fortpflanzungsstreik, die ihr brachliegendes Bindungspotential in Kneipen namens *Familien-Eck* ertränken. Aber Alma antwortet auf meine Fragen nur mit einem zeitlos geduldigen Lächeln. Wahrscheinlich wäre sie selbst ganz gern ins »Eck« gegangen.
Öffnet man die Tür unterm Efeu-Vorhang, betritt man eine dunkle Spelunke, deren Mobiliar aus Weinfässern, Barhockern und hoch gebauten Sitzbänken besteht. Es gibt zwei Sorten Wein (rot und weiß) und Bier und Schnaps in der üblichen Auswahl. Eine Kneipe, wie man sie vielleicht schon vor hundert Jahren kannte. Doch auf den zweiten Blick sieht man sofort, daß etwas anders ist. Vielleicht sieht das »Eck« sogar so aus, wie mir die Stammkneipe meines Vaters im Traum wiedererscheinen würde. In den schrägen Spiegeln unterhalb der Decke begegne ich meinem eigenen verlorenen, hungrigen oder lustvollen Blick, je nachdem. Über der Theke baumeln Lampions, die mich an nächtliche Feierlichkeiten meiner frühesten Kindheit erinnern. Und über uns allen steht der DJ. Mit den Füßen in Höhe der Theke, Beine und Oberkörper hinter einem schwarzen Vorhang verdeckt, schaut er über seinen Plattenteller auf uns herab wie der Gott eines Puppentheaters. Er wählt nicht das Allerneueste, Allerbekannteste. Aber ich wette, fast jeder hat jeden Song schon mal irgendwo gehört. Ich traue diesem Mann sogar zu, daß er die vollständige Sammlung aller heimlichen Lieblingstitel der Ottenser Singles besitzt. Manchmal lächelt er so still vor sich hin, als könnte er sehen, wie seine Musik in unsere alkoholdurchweichten Herzen dringt.

Eine Nacht im *Familien-Eck* hat wie in jeder anderen Kneipe verschiedene Phasen. Zu Beginn, also gegen 22 Uhr, kann man sich noch relativ frei bewegen. Es gibt auch eine gute Chance, einen prominenten Vertreter des heutigen Szene-Dorfs Ottensen privat zu erleben. Schauspieler und Regisseure, die aus der Filmfabrik kommen oder von der Probebühne des Schauspielhauses. Auch Schriftsteller schauen vorbei, um das »Eck« später in ihren Erzählungen zu verewigen.

Im Laufe der Nacht wird es dann immer enger und für den ungeübten Besucher gefährlicher. Während Gott, der DJ, über alles sein gütiges Auge schweifen läßt, vermischen sich unsere Ausdünstungen, es wird heiß und vernebelt wie in einer Dampfsauna, und ehe man sich's versieht, geht einem das aufgeweichte Herz endgültig auf. Und wer weiß schon vorher, was da herauskommt. Wenn's glimpflich abgeht, ist es die unwiderstehliche Lust zu tanzen. Es könnte aber auch der dringende Wille zur totalen Offenbarung sein oder die urplötzliche Bereitschaft zur sofortigen und radikalen Liebe.

Eine Zeitlang habe ich mich gefragt, warum es ausgerechnet dieser Ort sein muß, der die Gemüter verwandelt wie in einer Shakespeareschen Sommernacht. Die Straßen von Ottensen sind von Kneipen gesäumt – gläserne, marmorne, lederne, esoterische, kitschige und exotische Bars. Doch in den meisten verenden die Nächte spätestens gegen zwei Uhr an Müdigkeit und Langeweile. Wahrscheinlich läßt uns nichts so unbändig werden, so freiheitsdurstig und draufgängerisch wie der Mief, der uns an ein enges Wohnzimmer erinnert.

Das »Eck« allerdings ist viel zuverlässiger, als es jede gute Stube sein könnte. Es hat immer dann auf, wenn man es am meisten braucht. Nachts um drei, wenn zu Hause ein leeres Bett droht oder wenn man vom Besuch in Hamburg keine Minute schlafend verpassen will.

Spätestens bis fünf Uhr morgens haben sich die letzten Paare der Nacht gebildet und ziehen von dannen. Dann steigt Gott von seinem Podest herab und stößt mit jedem an, der nicht vom Fortpflanzungstrieb hinweggezogen wurde.

Wenn es draußen wieder hell wird, stellen die Kellner die Barhocker auf die Theke, und wir verlassen das *Familien-Eck*, als hätten wir etwas Wichtiges geschafft. Vor uns tappsen die ersten Tauben über den historischen Backstein und Alma Wartenberg sieht mit selbstbewußtem Blick einem neuen Tag in ihrer Glasvitrine entgegen.

Familien-Eck, Friedensallee 2, Altona, S1, 2, 3, 31 Bahnhof Altona

Katrin Dorn, geboren 1963 in Gotha. Zuletzt: *Milonga*, Deutscher Taschenbuch Verlag, 2005

Jörg Sundermeier
Wo man wach sein darf

Man kann auf den ersten Blick nicht recht erfassen, dass der Pop hier anwesend ist, lebendig, nicht konserviert. Auch nach dem ersten Blick fällt es schwer, man merkt nur eine Verstörung in sich, etwas stimmt hier nicht in dieser Kneipe, ist ungewöhnlich. Dabei sieht es hier erst einmal gewöhnlich aus. Fast ist es ein bisschen betulich in der *Karo Ecke* im Karoviertel, man könnte auch sagen, urig, wenn man solche Worte denn partout in den Mund nehmen will. Draußen stehen grüne Klappstühle, drinnen gibt eine Holzvertäfelung den Ton an. Dass hier nun just jene Luka vorherrscht, die man als DJ Luka Skywalker und als Bassistin der leider so sehr verschwundenen Bandmitdembestenbandnamen, *Brüllen*, im ganzen Land kannte, ahnt man vielleicht, wenn man die Musik hört, wenn sich die Augen ans Dunkel gewöhnt haben (wenn's hell ist draußen) oder ans Helle (wenn's draußen dunkel ist) – wobei: richtig hell ist's hier nie. Die schon erwähnte Holzvertäfelung schluckt das Licht. Bekannte könnten einem sagen, dass hier manchmal die Sindleidernochkeinesuperstars von *Boy Division* abhängen, oder die Bands *Japanese* und *The Fall*; dass dann wieder der gute alte House gepriesen oder aber von Seiten der Küche an manchem Tag dem fetten Burger gehuldigt wird. Tagesküche und Aufgelege – und trotzdem ist die *Karo Ecke* alles andere als eine Eventkneipe.

Ich weiß das, denn ich war dabei, als beschlossen wurde, dass die *Karo Ecke* stinkbieder *Karo Ecke* heißen müsse, und nicht etwa »Zur Hornhaut«. Ich kenne die Vorgeschichte.

Luka, die irgendwann mal aus dem Ostwestfälischen nach Hamburg kam und lange Lebensjahre dem Dienst an der Popmusik widmete, erzählte irgendwann, dass sie eine Kneipe übernehmen würde, und zwar die Marktstube, ebenfalls im Karoviertel, nur ein paar Schritte von der heutigen *Karo Ecke* entfernt. Die Marktstube galt als Legende, das wussten wir, doch die große Zeit war lange vorbei. Luka nun etablierte in den alten Räumen eine ziemlich fesche Bar, in der Lesungen und wilde Tanzabende ihren Platz hatten, und das alles auf ein paar, ich schätze mal fünfzig Quadratmetern. Für alle, die Spaß suchten, aber wussten, dass es Spaß ohne Ernst nicht gibt, wurde die Marktstube zu einer guten Adresse. Auf Plakaten wurde der Sieg der Alliierten über Nazideutschland bejubelt. Und die abonnierten Politgazetten sorgten dafür, dass bei allem Gesaufe die Politik nicht vor der Tür blieb. Schön.

Nicht selten wurde hier manche Nacht erst verdiskutiert und dann zerlallt, doch war niemand gezwungen, sich zu äußern. Die Marktstube, in diesen letzten Jahren, war einer jener Orte, die die Gerechten vor der feindlichen Restwelt bergen, ohne ihnen pauschal ein gutes Gewissen zu machen. Da war schon die Wirtin davor. Und selbst wenn man in freudiger Mitsinglaune war, so verhinderten es die weiblichen und männlichsten DJs durch eine perfide Musikauswahl, dass man sich einfach dumpf dem Rausch hingab.

Eines Tages überraschte Luka mit der Nachricht, dass sie

die Marktstube bald räumen müsse, wegen einer Renovierung, immerhin aber schon etwas Neues gefunden hätte, einen, wenn ich mich recht entsinne, ehemaligen Irish Pub, der ein paar Meter weiter lag.

Ich drang auf Besichtigung, musste vorher allerdings versprechen, an einer Sitzung teilzunehmen, in deren Verlauf ein Name für das Etablissement gefunden werden sollte.

Freundschaft und die Aussicht auf Freigetränke machten es mir leicht, zuzusagen. Als ich jedoch in dem Laden stand, verstummte ich, denn das sogenannte Rustikale, das die Holzvertäfelung offensichtlich ausdrücken sollte, war allzu aufgesetzt, der Gastraum in L-Form geschnitten, und die Tür lag am Knick des L, so dass Lesungen zukünftig wohl unmöglich wären. »Is schon 'n bisschen sehr spießig«, nuschelte ich so laut vor mich hin, dass Luka sich bemüßigt fühlte, mich mit einem strengen Blick zum Schweigen zu bringen. Die anderen in der Runde allerdings, Freundinnen und Freunde von Luka, aber auch ein paar Stammgäste der Marktstube, die es zufällig hineingeweht hatte in diese Runde, sahen es ähnlich.

Einige entdeckten alsbald den Innenarchitekten in sich, doch ihre Vorschläge wurden von Luka, die nicht nur viele Flaschen Bier herangeschafft hatte, dadurch übergangen, dass sie Whisky ausschenkte, um uns freundlich zu stimmen. So musste sie nicht über die Kosten reden, die ein Umbau mit sich gebracht hätte. Sie wollte sowieso nicht umbauen. In dem Fall, dachten wir, musste der Name das Aussehen der Kneipe konterkarieren.

Witzige Namen machten die Runde, Kneipennamen, die all die Leute, die im Karoviertel wie selbstverständlich ihre öden Boutiquen eröffneten, abschrecken sollten. Hatte man diese Namen, von denen einige wie »Stalingrad« oder »Untergang« von uns zusehends schweigsamer werdenden Trinkern sogar doch kurz bejubelt worden waren, hingegen mehrmals vor sich hin gesagt, so klangen sie fahl und leer, gewollte Witze, niemanden und nichts herausfordernd. Je weniger uns einfiel, desto mehr tranken wir. Unsere Gastgeberin, die ziemlich nüchtern blieb, musste einsehen, dass wir als Namensfindungskommission weniger taugten denn als Stammgäste. Also spendierte sie uns noch einen letzten Drink, um uns danach sanft und nicht ohne Dank nach Hause zu schicken.

Und dann nannte sie den Laden *Karo Ecke*.

Das blieb nicht ohne Widerspruch, wir, die wir an diesem leicht frustrierenden, trotzdem alles in allem sehr heiteren Abend beieinandergesessen haben, wollten weiter Mitspracherecht haben, das hatte sie nun davon, dass sie uns eingeladen hatte. Wir verknüpften mit dem Namen den Peter-Alexander-Schlager »Die kleine Kneipe in unserer Straße«. Luka jedoch ließ sich nicht beirren. Wir sahen sie bereits den Kotau vor dem Biederen machen, glaubten, die Holzvertäfelung habe auf ihre Urteilskraft eingewirkt.

Nun, viele Monate später, müssen wir zugeben: Wir haben uns geirrt. *Karo Ecke* ist ein neutraler Name, er bezeichnet ein Lokal an der Ecke, im Karoviertel. Dort herrscht, wie gesagt, der Pop, der gute und vornehme, und selbst die Politik ist nicht außen vor geblieben. Luka hat eben erkannt, dass dort, wo alles gezwungenermaßen »originelle« Namen trägt, ein einfacher Name die größte Freiheit gibt. Und dass Leute, die das Originelle suchen, aber nicht wissen, was

Originale sind, von diesem Namen abgeschreckt werden. So ist die *Karo Ecke* ein würdiger Nachfolger von Lukas Marktstube geworden. Auch sie bietet den Gerechten einen Ort, an dem sie, den vielen Getränken zum Trotz, hellwach bleiben dürfen.

Karo Ecke, Marktstraße 92, Karoviertel, U3 Feldstraße

Jörg Sundermeier, geboren 1970 in Gütersloh. Zuletzt: *Der letzte linke Student*, Alibri Verlag, 2004

Mareike Krügel
Kein Name für eine Stammkneipe

Zwei Backsteinblocks weiter hat gerade Kuddels Eck zugemacht. Davor hieß das Renates Eck Nr. 2, das war schon zu, als ich hierher zog; was mit Renates Eck Nr. 1 passiert ist, frage ich lieber erst gar nicht. Direkt unter unserem Fenster ist die Kneipe Zum Seestern. Die haben kein richtiges Belüftungssystem, deshalb lassen sie im Sommer nachts das Fenster offen. Nicht gekippt, offen. Um der Dauerbeschallung zu entfliehen, ist die beste Methode, selbst auszugehen.
Zum Landhaus Walter gehört der Hamburger Biergarten. Er liegt nicht in Barmbek-Nord, sondern in Winterhude. Trotzdem kann man ihn zu Fuß erreichen, besonders, wenn es im Sommer lange warm und hell ist. Von meiner Wohnung aus braucht man ungefähr zwanzig Minuten. Dabei muß man einmal durch den Stadtpark, durch Alleen von Rhododendren und hohen Nadelbäumen, ein bisschen Toskana, dann überquert man einmal die große Wiese vor dem Planetarium und erreicht so den Hintereingang.
Das Landhaus Walter ist ein Restaurant. Es beherbergt den Downtown Bluesclub und hat Veranstaltungsräume, in denen man zum Beispiel heiraten kann. Neuerdings gibt es auch eine Karibische Draußen-Bar. All das kenne ich nicht. Ich kenne den Biergarten. Und der hat im Winter zu.
Da ich zwar kein Kneipen-, aber ein Spaziergänger bin, war es mir ein leichtes, am letzten Wochenende dorthin zu spa-

zieren. Erwartungsgemäß war kein Mensch dort. Tische und Bänke verschwunden, ein melancholischer Anblick. Die Getränke- und Essensausgaben waren geschlossen, die Bäume hatten keine Blätter, es lagen keine Papierservietten am Boden. Auf der Wiese vor dem Planetarium spielten ein paar Leute Fußball. Sie teilten die Fläche lediglich mit ein paar Möwen, die teilnahmslos herumstanden. An Sommerwochenenden sieht die Wiese aus wie die Doppelseite eines Wimmelbuchs. Einmal bin ich mit meinem Freund dort hinübergegangen, da lag ein Mensch neben dem anderen, alle mehr oder weniger ausgezogen, und einer zeigte auf uns und sagte: »Guck mal, zwei Schneemänner.« Er konnte ja nicht ahnen, daß wir Autoren sind und von Berufs wegen so aussehen.

Als mein Bruder frisch nach München gezogen war, kam er mich besuchen, und ich dachte, ich tue ihm einen Gefallen und gehe mit ihm in den offiziell größten Biergarten Hamburgs. Wir holten uns bei der Getränkeausgabe Bier und bei der Essensausgabe Wurst, und da beklagte sich mein Bruder plötzlich. Das alles sei gar nicht korrekt, er wisse das jetzt als echter Münchner: Bei dem Biergarten, in dem er neulich war, mußte man die Gläser selbst holen und abspülen, bevor man sie sich mit Bier füllen lassen konnte. Das also ist der Unterschied. Im Landhaus Walter gibt es nur Gläser, in denen schon Bier ist.

Wurst gibt es in verschiedenen Sorten, genau genommen in zwei verschiedenen: Currywurst und Thüringer*. Da das

---

* Anmerkung der Gaststätte: »Die Thüringer heißt jetzt Grillbratwurst, weil die echte Thüringer geschützt ist. Zudem gibt es bei uns: Schinkenwurst, Weißwurst und Wiener Wurst.«

auf den Schildern etwas dämlich angeschrieben war, bestellte mein Freund vor einiger Zeit eine Curry-Thüringer, beharrte auf seiner Bestellung (Fehler zugeben ist nicht seine Sache) und erfand damit eine besonders wohlschmeckende Landhaus-Walter-Spezialität. Ich würde dort nie wieder etwas anderes essen.

Eine schöne Biergarten-Geschichte ist auch der Besuch von Jürgen Trittin. Leider ist das ebensowenig eine echte Geschichte wie die mit der Wurst oder mit meinem Bruder. Wäre das Landhaus Walter wirklich und wahrhaftig meine Stammkneipe, dann hätte ich sicherlich eine größere Auswahl von Anekdoten parat, würde den Barmann duzen und einfach rufen: »Das übliche«, statt der Dame von der Essensausgabe immer wieder neu zu erklären, daß ich das mit der Curry-Thüringer ernst meine. Immerhin, Jürgen Trittin kam, um im Landhaus Walter Wahlkampf zu machen, und wir kamen auch. Wir hatten uns schon längst entschieden, wen wir wählen wollten, da konnte Jürgen Trittin nicht mehr viel kaputtmachen, und ganz ähnlich sah es bei den übrigen Anwesenden aus. Fröhliche Grüne, die Brezeln aßen und die Ohren spitzten und an den richtigen Stellen lachten. Andersdenkende hatten sich an diesem Abend wohlweislich ferngehalten oder gut im Griff. Einen einzigen gab es, der sich ganz viel Mut angetrunken hatte, die Stimme erhob und »Scheißökosteuer« brüllte. Das machte er ein paar Mal, bis die fröhlichen Grünen ihn stillschweigend entfernten. So weit muß Toleranz nicht gehen, daß man Jürgen Trittin ins Wort fallen darf.

In Wirklichkeit heißt das Landhaus Walter übrigens Neues Landhaus Walter. Als ich noch in Weimar gewohnt habe, hieß meine Stammkneipe Resi. Das war die Abkürzung für Residenz-Café, und das ist ebensowenig ein guter Name für eine Stammkneipe wie Hamburger Biergarten im Neuen Landhaus Walter. Soviel dazu.

Da fällt mir noch eine Biergarten-Geschichte ein. Einmal saßen wir vor einem kleinen Pils unter den hohen Bäumen, auf dem Spielplatz spielten ein paar Kinder, die längst ins Bett gehört hätten, das Wetter war lau und windarm, ich nahm einen Schluck Bier und war beschwipst. Mein Freund sagte, das sei unmöglich. Aber ich kannte das Gefühl. Also fragte ich bei nächster Gelegenheit meinen Vater, der eigentlich immer alles weiß und außerdem Biologielehrer war, und der bestätigte mir, daß der Organismus der Frau irgendwie anders funktioniere. Irgendwas ist am Stoffwechsel anders, so daß der Alkohol schneller wirkt. Ich habe das hinterher nie wieder erlebt. Jetzt habe ich zwischendurch einen kleinen Sohn bekommen und trinke seit über einem Jahr schon keinen Alkohol mehr. Wenn ich jedoch abgestillt habe, werde ich eines schönen Sommerabends ins Landhaus Walter spazieren, mir ein Bier und eine Curry-Thüringer holen und mit einem großen ersten Schluck ganz ungeheuer besoffen werden.

Das neue Landhaus Walter/Hamburger Biergarten, Hindenburgstraße 2, Hamburger Stadtpark, U3 Borgweg

Mareike Krügel, geboren 1977 in Kiel. Zuletzt: *Die Tochter meines Vaters*, Verlag Schöffling & Co., 2005

Annette Amrhein
Koffer auf Reisen

Penny nahm mir das Blatt aus der Hand und sagte: »Ich mach das.« Sie deutete mit dem Kopf Richtung Telefon, als sei da mein Platz und sie weise mich in meine Schranken. Solange ich die Neue war, durfte ich den ganzen Tag nur das Telefon abnehmen. Ich griff nach dem Hörer. Da erstarb das Klingeln. Ich legte den Kopf auf den Schreibtisch und atmete durch. Zehn Stunden hatte ich telefoniert, Leute von überall auf der Welt durchgestellt. Allmählich vermischten sich englische und deutsche Wörter in meinen Sätzen und mein Kopf brummte. Den anderen ging es ähnlich.
»I will go heim and eat a bisschen«, sagte Penny.
»Du redest rubbish«, entgegnete John. Und dass gegen solche Sätze nur ein Bier half.
Wir gingen zusammen ins Irish Pub. Die meisten Leute in unserem Büro waren Engländer, im Pub fühlten sie sich zu Hause. Die Bedienungen sprachen da auch Englisch und radebrechten Deutsch, die störte unser Feierabendkauderwelsch nicht.
Außerdem saßen im Pub viele Leute aus der Schifffahrtsbranche. Wir vermieteten Container und hatten den ganzen Tag mit Reedereien und Agenten zu tun. Wir trafen dort also Kunden. Für Leute, die von ihrer Arbeit nicht genug bekamen, genau der richtige Ort.
Auf einem Barhocker am Tresen saß ein Mann in einem

Trenchcoat, schief, einen Arm aufgestützt, den anderen hielt er in den Gang, die Zigarette in den Fingern. Ich schwenkte an der Glut vorbei, sah einen der drei Ventilatoren über mir und wie der Rauch nach oben stieg und dort verwirbelt wurde. Ich quetschte mich an den Leuten vorbei, die im Fernseher ein Spiel von Arsenal verfolgten und mich gar nicht wahrnahmen. Ich ging nach hinten durch, Richtung Fleet und warf im Gehen einen kurzen Blick auf das Bild von Molly Malone. Meine Kollegen hatten den Tisch rechts am Fenster ergattert. Die Ledercouch war schon besetzt, ich erwischte einen Hocker. Penny kam als Letzte und musste auf den grünen Rippen der Heizung sitzen.
Ich hatte zu der Zeit nur zwei Dinge im Kopf: Erstens nicht nur Telefonate durchstellen. Ich wollte wie die anderen Container am Computer von A nach B dirigieren, die letzte freie Kühlbox in einem amerikanischen Depot auftreiben oder meinen Kunden einen reparierten Open Top in Sydney anbieten. Zweitens endlich einen Container aus der Nähe und von innen sehen. Unsere Depots waren draußen im Freihafen, zu weit weg, um in der Mittagspause mal eben hinzufahren. Am Wochenende waren die Depots zu. Ich musste also in der Arbeitszeit fahren, aber ich kam nie weg. Jedes Mal, wenn ich es fest vorhatte, wurde jemand krank oder Penny ging Kunden besuchen, ich vermutete, absichtlich, damit der Telefondienst nicht an ihr hängen blieb, und John sagte dann, ich müsse im Büro bleiben. Ich hatte nie einen Container aus der Nähe gesehen. Allenfalls auf der Autobahn sah ich manchmal einen, auf dem Anhänger eines Lkws. Ich folgte dem Anhänger dann wie ein Hund seinem Herrn, schaute, ob der Container uns gehörte

und merkte mir die Nummer, um dann im Büro im Computer zu gucken, wer die Kiste gemietet hatte.

An diesem Abend saß ich zwischen Penny, eigentlich Penelope, und John. Die beiden quatschten an meinem Kopf vorbei, als wäre ich nicht da, und stopften sich mit Salt-and-Vinegar-Chips voll. Penny erzählte, im Depot in Bremen stünde ein Container, in dem Zwiebeln verfault waren. Es gäbe nichts Schlimmeres als den Gestank einer Ladung verfaulter Zwiebeln. Ich mochte solche Geschichten. Neulich hatte ich von einem Kunden, der Schuhe nach Südamerika verschiffte, gehört, er trenne die Schuhe jetzt. Die rechten kämen in einen Container, die linken in einen anderen. Zu oft habe man die Boxen aufgebrochen und die ganze Ladung gestohlen. Ich wollte nah dran sein an solchen Geschichten.

Penny schob sich nach rechts und John nach links, ihre Köpfe trafen sich fast vor mir. Ich lehnte mich zurück und trank Guinness. Rechts vorn an der Decke war der Schlagschatten eines Ventilators zu sehen. In der Ecke stand ein Staubsauger. Ich spürte das Bier im Mund und wie mich der Alkohol ermüdete, es war eine angenehm leichte Müdigkeit. Ich wendete den Kopf nach links und sah aufs Fleet. Drei Treppen führten da ans Wasser heran, aber der Wasserstand war so niedrig, dass sie im Nichts endeten, nutzlose Treppen, Kunstwerke, belagert von ein paar Möwen, die sich ausruhen. Da auf der letzten Stufe stehen und nach unten sehen, in den Abgrund, davon würde mir schwindlig.

Ich merkte, wie John die Krawatte löste, er piekte mich mit dem Ellbogen dabei, und ich schaute zu ihm. Er sah sich kurz um, grüßte eine Gruppe von Agenten, ich kannte sie von kurzen Besuchen im Büro, hatte ihnen Kaffee hinstellen dürfen. Mich beachteten sie nicht. John sprach weiter. Ich schnappte hin und wieder ein Wort auf. Penny und er sprachen über Container, wie immer, aber heute redete Penny von »ihrem« Container, als hätte sie einen eigenen. Endlich begriff ich. Penny ging nach Amerika, davon hatte sie vor Monaten mal gesprochen, aber jetzt war es so weit! Ich hatte das nicht gewusst, am Telefon bekam ich ja nichts von dem mit, was die Kollegen einander erzählten. Sie packte schon, nahm ihren Hausstand im Container mit, der stand vor ihrer Tür. Ich merkte, wie mir heiß wurde.

Gerade sagte Penny, sie habe sich eine besonders feste Folie zum Einpacken der Sachen besorgt.

»Which Zeugs are you going to wickel with it?«, fragte John. Penny antwortete auf Deutsch, sie wolle ihr Fahrrad einwickeln, die Möbel, die Glasplatte des Tisches. Dann alles so im Container verstauen, dass nichts verrutschte.

Vorn jubelten die Gäste am Tresen, Arsenal hatte ein Tor geschossen.

»Kann ich dir beim Packen helfen und mir den Container aus der Nähe ansehen?«, schrie ich ihr ins Ohr.

Penny zögerte, aber John lächelte aufmunternd, und da sagte sie mit unechtem Lächeln: »Klar, sure.«

Sonnabend früh ginge es los mit dem Packen, abends schon würde sie die leere Wohnung verlassen, noch eine Woche bei Freunden übernachten, dann sei sie weg aus Hamburg.

Ich pfiff durch die Zähne. Endlich würde ich den Holzboden eines Containers unter den Füßen haben, mit den Fingern über die gesickten Wände der Box fahren. Sehen, wie viel Platz über meinem Kopf war, bis die Decke kam. Ich würde schnuppern, ob es nach Zwiebeln oder Chemikalien roch, die Eckbeschläge sehen, die Taschen für die Gabelstapler, die Längs- und Querträger. Theoretisch wusste ich, woraus ein Container bestand, kannte jede technische Einzelheit, was ein Goosenecktunnel war und wozu er diente. Ich stellte mir vor, wie am Ende die ganze Habe in den Container hineingestopft war, ein großer Koffer auf Reisen.

»Hast du schon einen Nachfolger für Penny?«, fragte ich John. Er nickte.

»Geht der dann den ganzen Tag ans Telefon?«

John nickte wieder.

»Und ich kriege ihren Platz, mache ihre Arbeit und darf auch Kunden besuchen?«

»Yes«, meinte er.

Ich leerte mein Guinness und bestellte sofort ein neues. Noch oft würde ich hier im Pub sitzen. John würde dann mit mir reden anstatt nur an mir vorbei. Die Kunden würden mich mit Namen kennen und mir auch zuwinken, von den anderen Tischen ringsum. Darauf lohnte es, anzustoßen.

Irish Pub, Zentrum, U3 Rathaus

Annette Amrhein, geboren 1964 in Güstrow. Veröffentlichungen in Zeitschriften und Anthologien

Herbert Hindringer
Abgestottert

Außen steht: Nicht mit den Türen schlagen.

Begründung: Das Eldorado befindet sich im Souterrain eines Wohnhauses und die Nachbarn haben Ohren.

Clou: Der besteht darin, dass wegen dieser Nachbarn auch die Musik nicht so laut ist hier drinnen. Das ist schön. Nicht, weil es keine gute Musik wäre, die hier gespielt wird, aber weil sie so nicht nur hör-, sondern auch noch kommentierbar ist. Ein musikalischer Salon also, keine Disco. Und weil man sich hier auch über andere Dinge unterhalten kann, ohne brüllen zu müssen. Über Antje beispielsweise.
Die Sache mit Antje: Tja ... Antje ist die Exfreundin von Herrn Rüdiger Beckmann, Fotograf und so weiter. Es gibt viele Geschichten dazu, eine, die eigentlich keine ist, geht so: Antje hat hier im Eldorado mal eine SMS vom Klo aus an Herrn Beckmann, der da gerade in der anderen, der tiefsten und dunkelsten Sofaecke des Eldorado saß, geschrieben. Das war kurz nachdem sich die beiden zum ersten Mal getrennt hatten. »Ruedi«, schrieb sie, das war alles, aber weil man im Eldorado in der hintersten und dunkelsten Ecke keinen guten Handy-Empfang hat, hat Herr Beckmann das erst ein paar Stunden später gelesen, als Antje

nicht mehr aufm Klo und auch gar nicht mehr im Eldorado war. Seltsam, aber diese SMS war der Auslöser (Klick), dass die beiden noch mal zusammenkamen. Manchmal macht der Ton die Musik, ganz leise, vor allem, Sie verstehen. Ruedi. Manchmal reicht so was.

Eldorado: Die eine Tresenfrau, die mit dem Pferdeschwanz, sagt, dass einer der beiden Besitzer in Brasilien aufgewachsen ist und dort als Jugendlicher am liebsten einen Radiosender gehört hat, der »Eldorado« hieß.

Fenster: Die sind ja (da das Eldorado leicht unterirdisch liegt) auf Fuß- bzw. Beinhöhe der Passanten, die draußen auf dem Bürgersteig vorbeigehen. Das ist ein toller Ausblick: ein bisschen U-Boot, ein bisschen Taubenschlag, ein klein wenig richtig schön.

Gemütlich: ist es hier. Definitiv. Am Nebentisch ist einer eingeschlafen, ein volles Glas Bier auf dem Tisch. Geweckt wird er erst, wenn er schlecht träumt oder Schaum vor dem Mund hat (der auf dem Bier schon fehlt).

Herr Schuster kommt: Er sagt: Herr Beckmann, Herr Hindringer, und nickt uns zu. Wir sagen: Herr Schuster. Der setzt sich.

Ich sage: Lieber sitz ich hier im Eldorado als in einem Taxi nach Paris.

Ja, antwortet Herr Schuster, und gleich darauf auch Herr Beckmann. Das sagen die nur, weil ich behauptet habe, dass ich als Kind auf dem Pausenhof immer verprügelt worden bin.

Kneipenbuch: Ich hab überlegt, mich hinter einer Couch zu verstecken, mich über Nacht im Eldorado einschließen zu lassen, um dann hier meinen Beitrag für das Kneipenbuch zu schreiben. Im Kerzenlicht. Und weil ich kein Wurstbrot dabeihabe und mächtig Hunger kriege, schreib ich dann richtig existenziell. Solche Gedanken eben. Ich hab die Tresenfrau gefragt, was mit jemandem passiert, der sich hier über Nacht einschließen lässt. Sie hat mich nur kurz angelächelt, den Tisch fertig abgewischt und ist gegangen.

Lieber sitz ich im Eldorado als in einem Taxi nach Paris. Aber das erwähnte ich bereits. Herr Schuster sagt: Ja.

Man kann hier beim Reinkommen laut »Guten Abend« rufen, es ist ziemlich sicher, dass irgendjemand freundlich zurückgrüßt, und selbst wenn nicht, man fällt mit so was nicht negativ auf.

Negativ auffallen: kann man hier auch. Indem man schlecht träumt, nicht schnell genug geweckt wird und deshalb Bier in die Nase bekommt.

Organisch: Die Tapetenreste, die Ledersessel, die kleine Discokugel, die Farbabsetzungen an den Wänden, das Aquarium mit den Plastikschmetterlingen, Herr Beckmann. Das alles, würde ich behaupten, ist über die Jahre organisch zusammengewachsen, wurde nach und nach hinzugefügt, das ist kein Yuppie-Ausgeh-Schick, das ist einfach ein dunkler Raum, in den jetzt einfach nichts mehr hineinpasst. Hat etwas von 'nem Jugendzentrum, sagt Herr Schuster.

Pflanzen gibt es auch: stehen auf den Fensterbrettern. Zudem gibt es eine Plastikblume auf dem Herrenklo. Knapp am Yuppie-Ausgeh-Schick dran, zugegeben, aber das spülen wir runter. Mit einem Faßbier.

Quizfrage: In welcher Kneipe vermisse ich den Sommer in Paris am allerwenigsten?

Resümee: Hier könnte ich Stammgast werden, ohne mir blöd vorzukommen, wenn irgendwann mal jemand auf der Straße zu mir sagt: Hey, Hindringer, das Eldorado soll geschlossen werden, die Nachbarn, du weißt. Morgen Abend um 21 Uhr ist eine Schweigeminute vor dem Haus angesagt, du kommst doch, oder?

Stille: Einmal hab ich gesehen, wie sich hier zwei in Gebärdensprache unterhalten haben, eine halbe Stunde lang, danach haben sie dann eine Stunde lang ununterbrochen geknutscht.

Trauern: wir zusammen mit Herrn Beckmann seiner Antje hinterher? Ich bin mir da nicht sicher. Es ist ein schmaler Grat zwischen Mitgefühl und Mietgefühl.

Unterhaltungsmusik: Die Welt ist schlecht, das ist mir recht. Da ist die Tür, ich bleibe hier.

Vielleicht: sitzen wir in einer Zeitschleife. Seit ich Herrn Beckmann kenne, hat er Antje im Herzen, aber auch irgendwie im Genick. Dennoch ist er stets aufmerksam, zärtlich, humorvoll. Vielleicht ist Antje eine Mensch-ärgere-dich-nicht-Figur in grün.

Weil grün ist die Hoffnung, ein bisschen klüger zu werden mit der Zeit.

X: Ich hab das Eldorado angekreuzt auf meiner Schatzkarte. Ich würde in solchen Momenten gern eine schriftliche Bestätigung vom Wirt anfordern, dass er nicht vorhat, das Eldorado in den nächsten dreißig Jahren aufzugeben.

You Ain't Goin' Nowhere, sang Dylan vor langer Zeit. Wie lange sitzen wir eigentlich schon hier, frage ich.

Zeit: zu gehen. Herr Beckmann hat vier Bier, ich drei, Herr Schuster verrät es nicht, hier ist es dunkel und es gibt Wichtigeres als Trinken. Aber jetzt gehen wir auf den Hamburger Berg und trinken weiter. Wir gehen kickern. Und wenn die Nacht ganz alt und Herr Schuster schon schlafen gegangen ist und auch alle anderen ganz leise sind und Herr Beckmann und ich einen Tisch für uns allein haben, dann spielen wir mal wieder eine Partie um unsere Freundinnen. Es steht 54 zu 15 gegen mich. Wir spielen, bis der Erste bei 100 ist. Das sind die seltsamen Enden solcher

Nächte, sowohl für einen, der gar keine Freundin mehr hat, als auch für einen, der weiß, dass er seine Freundin nicht aus doofen Gründen verlieren wird. Aber der Beginn solcher Nächte im Eldorado ist einfach immer schön gewesen, das muss man sagen. Ruhig auch etwas lauter.

Eldorado, Wohlwillstraße 50, St. Pauli, U3 St. Pauli oder Feldstraße

Herbert Hindringer, geboren 1974 in Passau. Zuletzt: *distanzschule*, yedermann verlag, 2007

Martin Felder
Das späte Bad

Schach-Café, 21.13 Uhr. Kassovitz, arbeitslos, breite Schultern, ein richtiger Hüne, und seine Freundin Benz, zierlich, hübsch, ohne Zukunft mit ihm, setzen sich an einen Tisch auf der linken Seite. Nur ein Meter weiter sitzt Kranich, Anzug und Krawatte, das schwarze Haar nach hinten gekämmt, auf dem Boden ein Laptop, auf dem Tisch vor ihm ein Glas Bier. Daneben drei Russen, eine Gruppe junger Frauen, die einfach nur Spaß haben wollen im Leben, ein Student mit Buch.

Vollmann taucht auf, der Kellner. Kassovitz bestellt Bier, die Benz bestellt Wein. Kassovitz schielt umher, sieht Kranich, der selbstzufrieden lächelt, bis sein Auge zu zucken anfängt. Sieht die Russen, die leise reden, die Köpfe zusammengerückt. Sieht die jungen Frauen, die laut lachen, die eine hoch, die andere noch höher und die dritte ähnlich wie seine Freundin Benz. Sieht den Studenten, der so tut, als würde er lesen. Sieht wieder Vollmann, der hinter der Theke verschwindet, hinter den gestapelten Tellern und der Tafel, auf der die Gerichte angeschrieben sind. Nudelpfanne nach Art des Hauses. Er erahnt, wie Vollmann das Bier zapft. Dann hört er einen Knall und schreckt auf. Die Russen reden weiter. Die Frauen lachen lauter. Der Student spricht in ein Mobiltelefon, sie hat sich verspätet.

Es ist nichts, versucht die Benz Kassovitz zu beruhigen und zieht ihn am Arm auf seinen Stuhl zurück. Doch er lässt sich nicht ziehen, schüttelt ihre Hand ab und beobachtet, wie zwei Männer, Anzug und Krawatte, der eine braun, der andere grau, ins Schachcafé treten und um sich blicken. Die Blicke treffen auf Kassovitz, Kassovitz zeigt auf Kranich, obwohl er keine Ahnung hat, dass Kranich Kranich heißt und dass die zwei Männer zu ihm wollen, um mit ihm seine Beförderung zu feiern.

Kranich, mein Freund, endlich bist du befördert, wir gratulieren dir erneut herzlich, auch im Namen der anderen Geschäftsleitungsmitglieder. Aber weg mit dem Bier, mein Freund. Kellner? Champagner für unseren Freund Kranich. Wo bleibt denn der Kellner?

Vollmann steht mit nassen Füßen in der Küche. Scheiße. Er muss wohl mit dem Stuhl darangestossen sein. Jedenfalls hat die Wasserleitung ein Loch. Die Wasserleitung hat ein Loch, schreit er. Und nur Kassovitz hört ihn. Seiner Freundin wiederholt er sofort: Hast du gehört? Die Wasserleitung hat ein Loch. Sie versucht, ihn zurückzuhalten. Selbst wenn ich arbeitslos bin, ist ein Klempner ein Klempner, sagt Kassovitz. Die Arbeit ruft, wenn sie ruft, auch wenn sie nur noch selten ruft.

Kassovitz kniet auf den Boden, seine Hose ist ihm egal, die Benz ist ihm egal, nur die Russen sind ihm nicht egal und der Geschäftsmann, die werden ihn verstehen und ihn bewundern, wie schnell er das in den Griff kriegt. Ich mache

Ihnen das gratis. Aber bringen Sie den Russen eine Runde und dem Geschäftsmann auch eine Runde.

Vollmann weiß nicht so recht, geht dann aber, sagt den Russen, der Mann von der Frau da drüben offeriere ihnen eine Runde, und er sagt den Geschäftsmännern, die Frau da drüben und ihr Mann offerierten ihnen eine Runde. Eine Flasche Champagner? Der Kellner ist unschlüssig, hört das Wasser spritzen in der Küche. Er hat nur Sekt.

Kranich, mein Freund, unglaublich, wenn das kein Zeichen ist. Offerierter Champagner zu deiner Beförderung. Ja, wenn das kein Zeichen ist!

Kranich steht auf und geht zur Benz. Herzlichen Dank. Sie errötet, weiß nicht, was los ist. Hat mein Freund was angestellt?, fragt sie sich, fragt aber nicht Kranich, worauf der wieder zurück zu seinen Freunden der Geschäftsleitung geht, die ihm zuzwinkern, als er sich setzen will. Er setzt sich nicht. Es wird ihm plötzlich eigenartig. Er hört das Wasser aus der Küche, ja, jetzt hört auch er es. Der Kellner schreit laut, was los sei, es hallt aus der Küche. Er habe es gleich, schreit Kassovitz. Ein Gurgeln, ein Sprudeln, die Teller scheppern zu Boden, Kranich schaut seine Füße an, sie sind nass. Wenn das kein Zeichen ist, denkt er. Wasser fließt aus der Küche. Der Student telefoniert immer noch. Die Russen sitzen da und schweigen. Die jungen Frauen, die nur Spaß haben wollen, quietschen, die haben's auch gemerkt, denkt Kranich und tritt an den Tisch seiner Freunde der Geschäftsleitung. Meine Freunde der Geschäftsleitung, sagt er, mir ist eigenartig, meine Füße sind nass und ich friere ein bisschen. Er hebt den Laptop hoch. Die jungen Frauen steigen auf den Tisch und kreischen. Die Russen haben es auch gemerkt, aber schweigen trotzdem beharrlich. Der Student wirft das Handy ins Wasser, genau, denkt Kranich und packt den nassen Laptop aus, knallt ihn auf den Tisch. Ich wollte das nie werden, sagt er, nie wollte ich diesen Beruf. So viele Zeichen kann ich nicht übersehen. Ich höre auf. Ich fange noch mal von vorne an. Ich höre auf. Ob er sich das nicht genauer überlegen wolle, vielleicht, wenn er nicht mehr nass sei, sagen die Geschäftsleitungsfreunde und leeren Wasser aus Lederschuhen.

Vollmann schwimmt in die Küche. Er taucht hinunter zum gebrochenen Rohr, Kassovitz hängt fest, Luftblasen steigen aus seinem Mund. Vollmann befreit ihn, zieht ihn nach oben. Nichts zu machen, keucht Kassovitz, Rohrbruch.

Das Wasser steigt höher und höher, die Russen sitzen jetzt unter Wasser. Sie versuchen, sich nicht zu bewegen, um Sauerstoff zu sparen. Die jungen Frauen liegen auf ihrem Tisch, nur noch Zentimeter von der Decke entfernt. Die Geschäftsleitungsfreunde sind ertrunken. Kranich schwimmt zu einem anderen Tisch, auf dem kreidebleich die Benz liegt. Er steigt hoch, rollt sich neben sie, küsst sie, in dem Moment bricht das Haus auseinander.

Das Wasser, der Kellner, die Tische, Kassovitz, die Benz, Kranich, die jungen Frauen, die sparsamen Russen, die ertrunkenen Geschäftsleitungsfreunde, alle werden aus dem

Haus gespült, ein Fluss ergießt sich über die Straßen, Kranich und die Benz paddeln mit den Händen davon. Der Fluss treibt sie zum Hafen, die Ebbe zieht sie ins Meer hinaus.

Der Student wird an seiner Angebeteten vorbeigeschwemmt, sie schwimmt ihm nach. Wieso bist du zu spät? Sie beginnen zu streiten.

Vollmann und Kassovitz steigen aus dem Fluss. Der Geschäftstyp ist mit deiner Freundin durchgebrannt, sagt Vollmann atemlos. Kassovitz wird nachdenklich, dann meint er, ich bin ja auch selber schuld. Ich weiß doch, dass ich fremde Leitungen in Ruhe lassen sollte. Vollmann lädt Kassovitz zu sich nach Hause ein, er wohne gleich um die Ecke.

Und auf dem Meer geht die Sonne auf und Kranich und die Benz sehen weit hinten, unter ein paar flatternden Vögeln, einen Streifen Festland.

Schach-Café, Rübenkamp 227, Barmbeck, S1, 11, Buslinien 20, 26, 118 Rübenkamp

Martin Felder, geboren 1974 in Rheinfelden/Schweiz. Veröffentlichungen in Zeitschriften und Anthologien

Regula Venske
Mr Bojangles

Wieder einmal hatte die Einsamkeit sie von Barmbek-Süd an die Elbe getrieben. Es war schon ein paar Monate her, seit sie zuletzt einen Ausflug unternommen hatte, aber nun musste es doch endlich einmal Frühling werden, und so war sie mit der S-Bahn zu den Landungsbrücken gefahren, hatte von dort nach Finkenwerder übergesetzt und war sodann im Café mit Elbblick eingekehrt, um ein Kännchen Kaffee und ein Stück Apfeltorte mit Schlagsahne zu genießen. Im Sommer nahm sie auf der Terrasse Platz, bei schlechtem Wetter und im Winter drinnen am Fenster, gegen das der Westwind den Regen von der Nordsee her peitschte. Woher sie die Kraft nahm, sich immer wieder herauszuputzen und die verwegene Hoffnung zu hegen, ein Witwer am Nebentisch könne sich ihrer erbarmen, hätte sie selbst nicht zu sagen vermocht. Denn die Erfahrung lehrte, dass alleinstehende Männer, wo immer sie waren, was immer sie machten, ihre Sonntagnachmittage nicht bei Kaffee und Kuchen mit Elbblick verbrachten. So gab sie sich Mühe, nicht allzu penetrant zu den jungen Familien mit ihren schmuddeligen Kindern, den schweigsamen älteren Ehepaaren oder zu den anderen einsamen Damen hinüberzustarren, bevor sie sich wieder auf den Heimweg ans heimische Elbufer machte.
Aber welcher Teufel hatte sie heute geritten, das Schiff

schon am Anleger von Neumühlen zu verlassen, anstatt wie üblich bis nach St. Pauli zu fahren? Seit einer Ewigkeit marschierte sie nun schon die Große Elbstraße entlang. Wer hätte je gedacht, dass es so weit war vom Neumühler Kai zu den Landungsbrücken! Und immer noch zog sich die Straße hin, ihre Füße in den guten Pumps schmerzten, die Blase drückte, aber vor allem das Herz tat ihr weh. Sie war fünfundfünfzig Jahre alt und noch nie von einem Mann im Sturm erobert worden. Oder überhaupt nur erobert. Man sah es ihr zwar nicht an, und sie hatte es ihren Kolleginnen im Drogeriemarkt nie gestanden, aber bis heute war sie völlig ungeküsst durchs Leben gegangen. Erst war sie zu wählerisch gewesen, dann war ihr keine Wahl mehr geblieben. Nur eines wusste sie genau: als Jungfrau sterben wollte sie nicht. Wer weiß, womöglich würde man sie in die muslimische Abteilung verweisen und sie dazu vergattern, auf einen dieser Flugzeugentführer oder Selbstmordbomber zu warten, mit neunundsechzig anderen, die sich auch etwas Hübscheres erhofft hatten vom Leben oder vom Sterben. Lieber das Jungfernhäutchen noch bei Zeiten verlieren! Aber wie, und mit wem? Im Wochenblatt inserieren oder es bei Ebay anbieten, das wollte sie eigentlich nicht.

Endlich hatte sie den kleinen Platz erreicht, an dem die Carsten-Rehder-Straße auf die Große Elbstraße trifft. Ein Schild, *Zum Schellfischposten. Älteste Seemannskneipe in Hamburg-Altona*, verhieß baldige Erlösung. Zielstrebig steuerte sie die Eingangstür an, ohne die vor der Kneipe aufgestellten Tische und Bänke, den Mast mit dem Wimpel des HSV, die überlebensgroße hölzerne Popeye-Skulptur oder die Tafel mit der Aufschrift »Heute Krimilesung, 20.00 Uhr«

auch nur eines Blickes zu würdigen. Nur das Schild an der Tür konnte sie nicht ganz ignorieren. »Toilettenbenutzung nur für Gäste. Nächste öffentliche Toilette am Fischmarkt schräg gegenüber!«

Egal, damit konnte sie sich später befassen. Schnell hatte sie die Toilettentür mit dem Bullauge erspäht, hinter der eine gewundene Treppe in den Keller des Hauses führte. Als sie hinunterstieg, hörte sie hinter sich Abba die *Dancing Queen* besingen, und als sie wieder hochkam, versprach die Knef, es solle rote Rosen regnen. Auf halber Treppe hielt sie inne, um eine Lehrbildtafel des Reichswetterdienstes über Nebelbildung zwischen Reykjavík und Spitzbergen, Belgrad, München und Rom zu studieren. Während sie mit den Augen dem Pfeil folgte, der mittig arktische Festlandluft von Osten Richtung Thorshavn trieb, fasste sie den Entschluss, noch zu bleiben und eine Cola zu trinken. An einem hölzernen Ecktisch fand sie sich bald darauf wieder, umgeben von angestaubten Schiffsmodellen und zähnefletschenden Alligatoren, Schnitzfiguren aus Afrika und Masken aus Mikronesien. Von der gegenüberliegenden Wand lächelte Hans Albers sie an, auf der Leinwand über ihrem Kopf führte Leverkusen eins zu null gegen Schalke.

»Verzeihung, ist der Platz neben Ihnen noch frei?«, fragte Hans Albers, und als sie gerade träumerisch »ja« sagen wollte, fragte tatsächlich eine tiefe Stimme neben ihr, ob der Platz an ihrer Seite noch frei sei. Ein untersetzter Mann in ihrem Alter setzte sich neben sie und stellte sich als Mr Bojangles vor. Er trug Jeans und ein blauweiß gestreiftes Fischerhemd. Um den Hals hatte er ein rotgemustertes Tüchlein gebunden.

»Monika«, sagte sie.
»Bojangles ist nur mein Spitzname, weil ich so gern tanze«, erklärte er. »Eigentlich heiße ich Bernd.«
Er hatte volles silbriges Haar und einen leichten Silberblick. Und tausend Lachfältchen um die Augen.
»Und? So ganz allein unterwegs?«, fragte er.
Sie hielt ihren Blick fest auf das antike Radargerät neben der Klotür gerichtet, während sie ihm von ihrem Mann, der zur See fuhr, erzählte. Nie im Leben würde sie zugeben, ein spätes Mädchen zu sein. Zu ihrer Beruhigung hörte sie, dass Bernd zurzeit Strohwitwer war. Das klang vertrauenerweckend. Und früher war er zur See gefahren. »Genau wie Ihr Mann. Und Uwe, der Wirt dieser Kneipe, der ist gerade auf dem Indischen Ozean unterwegs.« Er hatte die ganze Welt gesehen und festgestellt, dass sie überall rund war. Und dass die Hamburger Kneipen die gemütlichsten und die Hamburger Frauen die schönsten waren.
»Prost, Monika. Ob jung oder alt, ob arm oder reich, im *Schellfischposten* sind wir alle gleich«, zitierte Bernd die Inschrift, die auf dem von einer Brauerei gesponserten Leuchtkörper über dem Tresen prangte. Längst war sie ihm gefolgt und von Cola zu Bier übergegangen – »Astra, das angesagteste Viertel der Stadt« –, und er spendierte ihr eine Pferdewurst mit Kartoffelsalat für drei Euro sechzig.
Allmählich füllte sich der Raum mit überwiegend schwarz gekleideten Leuten, Zuhörern, die offenbar der Krimilesung wegen gekommen waren. Ein schlanker junger Mann – nein, bei näherem Hinsehen mochte er die fünfzig auch schon überschritten haben – las eine Szene vor, in der ein toter Fisch überfahren wurde. Nach ihm gab eine rothaarige

Schriftstellerin aus Stade eine makabre Geschichte über die Schrumpfköpfe im *Schellfischposten* zum Besten.
»Gehen wir zu mir oder zu dir?«, fragte Bernd.
Sie waren zu verliebt oder zu angetrunken, um den weiten Weg nach Barmbek-Süd auf sich zu nehmen, und entschieden sich für seine Wohnung am nahegelegenen Pinnasberg. Hatte sie befürchtet, er könnte in ihrer Wohnung die Spuren eines zur See fahrenden Ehemannes vermissen, so deutete umgekehrt in seiner Wohnung nichts auf vorübergehende Strohwitwerschaft hin. Hier fehlte eindeutig die weibliche Hand, aber dass er zur See gefahren war, mochte stimmen. Die mit Fotos aus Reiseprospekten bebilderten Wände erzählten von der Sehnsucht nach fremden Ländern.
»Du hast sicher … schon viele Frauen gekannt?«, fragte sie, und als er »In jedem Hafen eine, aber keine so hübsch wie du« antwortete, schloss sie selig die Augen.
War das die Möglichkeit? Aus dem Alter, wo man Wert darauf legte, dass das Mädchen noch Jungfrau war, war er lange heraus, wenn es ihm überhaupt jemals etwas bedeutet hatte. Vielleicht hatte er ja wirklich vor dreißig, vierzig Jahren Sabine oder Elisabeth defloriert. Und die kleine Schwatte, Nadine, oder wie sie geheißen hatte. Lang, lang war's her. Aber nun diese Monika. Unglaublich. Nette Frau eigentlich. Von wegen, mein Mann fährt zur See … Vergeblich hatte er an die verschlossene Pforte gestoßen, und während er noch überlegt hatte, ob sich womöglich ein Rest Vaseline im Badezimmerschränkchen oder ein angebrochenes Fläschchen Rapsöl im Kühlschrank befand, waren seine Bemühungen in sich zusammengefallen. Und auf Hilfe von ihr war leider nicht zu hoffen gewesen. Sie aber hatte sein

leicht gequältes Seufzen für Vollzug und Erfüllung zugleich gehalten und triumphierend gelächelt.

»Seemannsbraut ist die See ...« Leise summte er vor sich hin, während er ein Handtuch um die Hüften schlang und in die Küche ging, um zwei Gläser und die Flasche Strohrum zu holen. Er hatte ihr erzählt, dass er den Rum von seiner letzten großen Reise aus Kuba mitgebracht hatte. Bevor er sich neben sie auf die Bettkante setzte, entfernte er diskret das Preisschild von Lidl.

Zum Schellfischposten, Carsten-Rehder-Straße 62, Fischmarkt, Fähre Linie 62 bis Anleger Altona oder Buslinie 112 bis Fischmarkt

Regula Venske, geboren 1955 in Minden. Zuletzt: *Juist Married*, Leda Verlag, 2007

Gilles Lambach
Das Nest auf der Scholle

»Am Rande der Realität liegt das Zentrum des Wahnsinns.
Nirgends ist es schöner als genau
dort, denn von dort aus gibt es nur noch einen Weg: den Weg
kopfüber und freihändig in die
Unendlichkeit«
(*Milla Sachgelb*, slowenische Philosophin, 1974–2003)

Vielen Menschen fremd und einigen Menschen unheimlich, gibt es auf dieser Welt einen versteckten Ort, an dem sich die Scheitelpunkte der Gezeiten in ihrem eigenen Fahrwasser hin und her spiegeln, als würden sie im Stile eines Perpetuum mobile in ewigem Selbsterhaltungstrieb das Auf und Ab der Zeit speichern und stilvoll verwalten, um das in ihm schwimmende *Treibeis* ewig über Wasser zu halten. Es ist ein verwegener Ort, voll wilder Kerle, heißer Puppen und urgesteinigter Tausendsassas. Seine Geschichte reicht nahezu zwanzig Jahre zurück, seine Menschen trugen einst, wo heute der eine oder andere kopfbreite Naturscheitel glänzt, stolze grüne Stachelfrisuren, es herrschte nie substantieller Notstand, der Bierpreis ist seit jeher ein fairer Handschlag zwischen Geldbörse und abendlicher Verdichtung des Alltags, und die Legenden, welche sich wie verwildertes Efeu um die Mauern des *Treibeis* winden, sind unzählbar.

Man munkelt, daß sich hier vor Urzeiten Sid Vicious und Joe Strummer nach einem Konzert ihrer gemeinsamen Band »The Spy in Silence« bei einem Täßchen Kakao eingefunden haben, um den Zusammenhang zwischen sozialen Mißständen und körperlicher Ekstase zu diskutieren. Sie kamen angeblich zu dem Ergebnis, daß es keinen Zusammenhang gibt. Oder so ähnlich ...
Außerdem soll vor langer Zeit spontan am Tresen ein »Punk me up to Tinnitus«-Contest ins Leben gerufen worden sein, dessen Sinn es war, der härtesten Rocker liebste Hymnen unter Präsentation unmenschlichster Lautstärke völlig unkenntlich zu machen, nur um sie dann mit der Kraft des kollektiven Ratens, welcher Song es wohl sein könnte, wieder erkennbar zu machen. Derjenige, der den richtigen Titel zuerst in den Raum brüllte, bekam einen doppelten Wodka. Erst kurz bevor die Plattenkollektion »Rock 'n' Roll Weitwurf, Teil 1–4« zu diesem Zweck durchgeholzt wurde, kam die Polizei, um dem Inferno ein Ende zu bereiten. Oder so ähnlich ...
Bis heute wird mehr oder weniger auf den Spuren dieser Traditionen in regelmäßiger Wucht Anlauf genommen, um mit gelöster Handbremse das Leben in seine Einzelteile zu zerfeiern. Auch wenn hier diverse Abende als stiller Zug wilder Vögel in die wärmenden Gefilde der Gemeinschaft beginnen und Stunden zur Summe träger Momente werden, in denen jene Vögel pausierend und ungesprächig nebeneinander am Tresen wie auf einer stillgelegten Hochspannungsleitung sitzen, als wäre es ihr Nistplatz, den es zu wärmen gilt, und auch wenn diverse Abende eben genauso ohne Spannungsbogen in meinem Feierabend enden

(»Leute, ich glaub, ich mach jetzt gleich ma dicht hier, heute is irgendwie die Luft raus …«), so muß man sich auch andererseits nicht wundern, wenn im Rudel dieser Nachtschwärmer plötzlich der Haudegen gezückt wird und die Ruhe verfliegt, angefochten vom aufblühenden Wunsch nach kollektiver Narrenfreiheit. Nach dem Rotationsprinzip bereitet sich dann im Stile springender Funken der schankhafte Irrsinn im Raum aus und die Atmosphäre schwillt stetig an zu einem herrlichen Gelächter über die Gesetze von Raum und Zeit. Dann wird in dem kleinen, gemütlichen Laden mit den Sicherheitsfußschlaufen unten am Tresen, die schon so manch haltungsschwache Rolle rückwärts verhindern konnten, verbal getanzt, gelacht und der Barkeeper (z. B. ich) zum Gehorsam gezwungen, in beachtlichem Tempo Bier, Bier und nochmals Bier auszugeben, dazu Erdnüsse und eine Runde Tequila auf Dirko, während die Stimmung weiter zu Fleisch wird und die Theke zu einer Festung rege diskutierender Freibeuter. Dazu peitscht DJ Firefred mit der Gnadenlosigkeit einer Kreissäge einen Knaller der Buzzcocks durch den Raum, an den belegten Tischen im hinteren Bereich der Lokalität wird sich beim Sprechen zum Nachbar geneigt, denn die Lautstärke steigt. Jerry und Piet lachen sich vor mir auf ihren Barhockern thronend die Bäuche bebend, weil der am Eingang sitzende und durchaus schon stärker betankte »dicke Franke« verwirrte Grüße aus seiner eigenen Welt an die Sitznachbarin sendet: »Ich bin total verzaubert in dich!« Dann bestellt er ein neues Bier und »für die Dame …? Mach mal 'nen Sekt!« Links neben den beiden diskutiert ein gegengeschlechtliches Duo nicht unauffällig über den falschen Verlauf ihrer vor zwei Jahren im Treibsand versickerten Liaison. »Wenn du damals nicht ausgerechnet in dem Moment so egoistisch gewesen wärst, als ich dich wirklich gebraucht hab, ich glaub, wir wärn heute noch echt glücklich«, so spricht sie, und er rülpst schnaufend einen für mich schwer zu entziffernden Wortsalat zur Antwort in ihre Richtung. Lediglich die Worte »ich hab dich ja auch geliebt, aber ...« kann ich aus der zum Schmierentheater aufgebauten Geräuschkulisse herausfasern. Zu späterer Stunde werden die beiden vorsichtig physisch miteinander, bevor sie in kurzem Abstand nacheinander das *Treibeis* verlassen.

Ich öffne mein erstes Bier, um in wichtigen Gesprächen intellektuell mithalten zu können. Und schon befinde ich mich mitten in einer Auseinandersetzung mit Norbi, 32, Graphiker, Angestellter der Agentur *Das Edelkonsortium* und schlau wie von Sophia persönlich zum Mannesfeste vernascht. Thema des Diskurses: »Leidenschaft für: und Kompensation durch: Kunst!« Meine Beine fangen an zu jucken. Unterdrückter Fluchtmechanismus. Da geht die Tür auf, eine Gruppe junger Männer und Frauen betritt das Etablissement und zieht zielstrebig quer durch den Laden zu den Tischen auf dem Podest in der Ecke. Nach höflicher Begrüßung tauschen alle untereinander fragende Blicke aus, bis der Rädelsführer (in meiner Phantasie »der eingleisige Tobias« getauft) naßforsch die Stimme erhebt: »Wir hätten gern zwei Flaschen Bier und sechs Gläser.« Ihr gehört wohl eher nicht zur Fachschaft verwöhnter Einzelkinder, ihr wißt schließlich zu teilen. Daß Firefred gerade jetzt unter Mithilfe einer Audio-Injektionsnadel den heiteren Evergreen *Kill the Poor* von den Dead Kennedys nach Jahren des

Schweigens wiederbelebt, halte ich besser für Zufall. Zurück hinter der Theke versinke ich kurzzeitig: zwei Bier, sechs Gläser und »machste uns noch mal vier Braune ...« dringt von links zu mir durch. Als ich wieder vor mich schaue, haben meine Hände sechs geöffnete Bier und zwei Gläser bereitgestellt. Mit links löse ich dieses Problem auf mathematischem Wege, stelle vier zusätzliche Gläser auf das Tablett und trinke die zuviel geöffneten Flaschen selbst aus.

Um mich herum sitzt inzwischen die traditionsreiche Stammelf der *Treibeis*-Wochenliga, läßt es sich schmecken und bindet mich mit weiteren Bestellungen und feingeistigen Sprüchen ins soziale Geschehen ein. Ein weiteres Mal öffnet sich die Eingangstür, und lichtgleich betritt Imo die Bar. Mit einer gefühlten Verbeugung in Form eines ehrlichen Händeschüttelns begrüßen wir uns. Imo ist der Betreiber dieser altehrwürdigen Freudenschenke, mein amtlich beglaubigter Vorgesetzter. Ich kann mich dazu nur selbst beglückwünschen, denn er ist ein feiner Mensch. Im Schlepptau hat er die Kolonne »Ladyboy«, seine Band, mit der er seit geraumer Zeit schweißtreibend und aus »reiner Passion« übt. Ich aber glaube, daß er millionenschwerer Rockstar werden will, um dann nur noch als Gast in seinem eigenen Schuppen den Dicken machen zu können. Euphorisch wird über die Bandprobe diskutiert, die gerade beendet wurde. Darüber, wie die Gitarre bei *Hot City* das Lied antreibt und wie geil der Gesang nach dem Break wieder einsetzt. Imo reicht mir eine Selbstgedrehte rüber. Eigentlich rauche ich ja nicht, aber seine sind echt lecker. Manchmal denke ich, er macht da Geschmacksverstärker rein, so wie McDonald's in die BigMäcs.

Die Zeit verstreicht, wir sitzen noch lange zusammen und bereden Hochgeistiges, in jeder Ecke des Ladens kreisen Planeten um ihre eigene kleine Themensonne, ihr Aktionsradius scheint trotz räumlicher Enge unbegrenzt, es liegt wohl daran, daß sich die Leute hier an einer langen Leine bewegen dürfen. So schaukelt das Schiff durchs Nordmeer, und jeder muß selbst entscheiden, wann, wo und wie er von Bord geht oder über die Reling fällt. Formschön füllen sich die Nächte, schummerig beleuchtet von der Vorderlampe des kleinen Kinderfahrrads, welches hinten im *Treibeis* an der Wand hängt und an die ersten Gehversuche von Imos älterer Tochter auf zwei Rädern erinnert. So schwirren hier immer wieder die Nachtfalter unablässig bis in die Morgenstunden um üppig verteilte Kerzen herum, bis sie völlig abgebrannt sind. Es ist fünf Uhr morgens, das Wort wird karg, dann bricht es.

Kurz darauf drücke ich von innen die Klinke, die Tür geht auf und mit ihr die Sonne. Habe die Ehre ...

Treibeis, Gaußstraße 25a, 22765 Hamburg, Ottensen, S1, 2, 3, 31 Bahnhof Altona

Gilles Lambach, geboren 1974 in Köln. Zuletzt: Freibeutekünstler in Hamburg

Reimer Eilers
Der Frieden in Eimsbüttel

»Lass uns ins *La Paz* gehen!«, sage ich zu Johanna. Wir waren länger zusammen gewesen als die meisten verheirateten Paare aus unserer Eimsbütteler Bekanntschaft, aber jetzt leben wir getrennt. Zumindest eigentlich oder quasi. Johanna wohnt an der Ostsee, und wenn sie einen Termin in Hamburg hat, macht sie wieder in der alten Wohnung Station, das ist quasi etwas Praktisches. Morgen hat sie einen Termin, doch sie ist schon heute Abend gekommen und sagt: »Komm, gehen wir ein Bier trinken, so wie früher! Schlag was vor, mir ist es recht.«
Mir fällt unweigerlich der Tresen ein, an dem wir schon saßen, als wir noch grob Gestricktes statt Fleece trugen, als wir etwas schummrige Erleuchtung aus der transzendentalen Meditation zogen, alternativ auch aus der Revolution, die wir doch lieber in der Himmelsrichtung von Angola oder Kuba vermuteten als im Blick auf die Steingesichter von der Kremlmauer. Also schlage ich Johanna ohne langes Überlegen die Kneipe vor, auf die wir uns als gemeinsamen Nenner einigen können. Worauf Johanna sagt: »Also, im *La Paz* ist es mir zu verräuchert.« Wir sind dann nicht mehr fort gewesen, an der Beziehungskiste kann man ja notfalls auch rauchfrei als Heimwerker in den eigenen vier Wänden weiterzimmern.
In Trennungszeiten fällt einem auf, dass es Kontinuitäten im

Leben geben sollte, und das *La Paz* gibt es seit dreißig Jahren in Eimsbüttel. Als ich Johanna kennenlernte, haben wir beide geraucht, und nun rauchen wir beide nicht mehr, aber in eine Kneipe zu gehen, wo sich der bräunliche Dunst noch sichtbar über Wände und Mobiliar legt, das ist haarscharf wie beim Autofahren: Ab und zu möchte man gern wie in den guten alten Zeiten ohne Sicherheitsgurt über den Acker kurven.

»Wir sind eine Kultkneipe«, sagt Carlos aus der Küche des *La Paz* eine Woche später. »Natürlich renovieren wir, aber in Maßen. Ist wichtig für die Gäste, schlicht und ergreifend alles hier in der gewohnten Art zu haben.« Er macht eine ausgreifende Bewegung. »Das blanke Holz ist original aus den ersten Tagen. Einmal hatten wir eine große Feier, da haben wir Tischdecken aufgelegt. Es gab derartig Protest, wir mussten das Tuch gleich wieder einsammeln.«

An Selbstbewusstsein mangelt es Carlos, Jenny, Kemal und dem Rest der Bewirtung nicht, warum auch? Die Speise- und Getränkekarte nennt sich »La Paz News«. Neben Tapas, Ensaladas, Zigarren, Tequila Sunrise und Pisco Sour, meinem soften Lieblingscocktail aus Chile, findet sich dort als Appetizer auch ein veritables Kneipenmanifest. Laut Getränkekarte haben wir es hier zu tun mit einem »Treffpunkt von Spanisch sprechenden Gästen, Weltveränderern und weltoffenen Hanseaten, einer Stätte alter linker Symbole, in der noch die Träume einer gerechten Welt beschworen werden. Ché ist Triumph, der Geist des Commandante sitzt mit an jedem Tisch.« Mit jedem Pisco Sour, den ich heute Abend mit Carlos und Ché an meinem Tisch kippe, gefällt mir diese Prosa mehr und mehr, und voller Melancholie denke ich an die Donnerstage, wenn die beiden Peruaner Juan und Samuel in diesen Räumlichkeiten ihre Latino-Live-Musik machen, und es kommt vielleicht aus dem Hamburger Hafen ein Seemann aus Bolivien hinzu und singt ein Volkslied vom Titicacasee.

Okay, das macht jetzt der Pisco Sour mit mir, das Volksgetränk, das zur *Happy Sour* überall in den Anden genossen wird, vom Titicacasee bis Kap Hoorn. Aber wenn es einen Geist von Eimsbüttel gibt, dann ist es eben der: ein softes Multikulti. Hier ist nicht Wilhelmsburg, wo die Enkel der Großeltern aus Anatolien sich Trainingshosen überstreifen und nur Türkisch mit ihren Kampfhunden sprechen. Und diese Lokalität, in der ich sitze, ist der Manitu des Eimsbütteler Multikulti. »*La Paz*«, sagt Carlos, »das heißt *der Frieden*. Wir sind ein stressfreier Laden.« Für einen winzigen Moment bin ich pikiert, weil ich bin ja ein Eimsbütteler, der zwischendurch eine ganze Brutsaison lang Pinguine in Chile eingehütet hat, und jetzt glaubt Carlos, dass er mir so einen Pieps von *la paz* erklären muss. Aber dann denke ich quasi aus dem Bauch, wo das Unverdaute siedelt, bitte alles stressfrei, und dass es vielleicht letzte Woche von Johanna ganz richtig gewesen war, hier mit mir kein Bier mehr zu trinken.

Einmal, ganz früher vor Johanna, als ich noch nicht trocken hinter den Ohren war und auch nicht zu den revolutionären Filmen aus Südamerika eingeladen wurde, die im ersten Stock, in der großen Wohnung über der Kneipe, gezeigt wurden, bin ich schon mal mit einer Frau hier gewesen. Um Mitternacht sagte ich: »Du wirst es kaum glauben, aber ich habe heute Geburtstag.«

»Nun«, sagte sie, »das haben viele.«
»Du bist betrunken!«
»Richtig, und du bist hässlich. Aber morgen werde ich wieder nüchtern sein.«
Wenn man mich fragt, warum man Eimsbüttel nicht unterschätzen sollte, dann ist das *La Paz* ein echtes Argument. Eimsbüttel ist ja ursprünglich ein kleinbürgerliches Pflaster und deshalb zu Recht fast unbekannt. Kein Vergleich mit, sagen wir, St. Pauli, der Hafencity, Blankenese oder dem Alsterglacis. Das Zentrum von Eimsbüttel ist die Kreuzung von Osterstraße und Heussweg, und da steht keine Kathedrale, sondern Karstadt. Der Großkonsum haust hier bei uns in einem bunkerartigen Betonmonstrum, so als sei Hitler noch einmal als Wiedergänger aus der Hölle zurückgekehrt, um den Atlantikwall in Eimsbüttel zu vollenden.
Wenn mich das ins Grübeln bringt, dann liegt in Sichtweite, einige Schritte den Heussweg runter, schon das *La Paz*. Nur an den Sonnabenden, zu Bundesligazeiten, schlage ich einen Haken und gehe quer über die Straße gegenüber ins Maybach. Denn statt der revolutionären Latinofilme hält das *La Paz* mittlerweile Premiere-Live-Sportübertragungen für seine Gäste vor. Ich habe Verständnis für die Notwendigkeit gewisser Modernisierungen, irgendein linker Außenstürmer hat einmal formuliert: Nur wer sich ändert, bleibt sich treu. Und der Seemann vom Titicacasee guckt auch gern Bundesliga, und ich kenne eine nette Familie in Bolivien, die ihren jüngsten Sohn auf den Vornamen Klinsmann getauft hat. Aber muss ich das moderne Multikulti in seiner ganzen Bandbreite auskosten?
Nein, das Maybach ist eine andere Welt, und ich bin auf

meine Art modern, ich mache sonnabends locker ein *crossover*, das ist schon fast wie ein *pub crawl* in London, dem immerwährenden Hamburger Vorbild. Statt Prolo-Premiere gibt es für den Yuppie im Maybach ein großes Aquarium mit Piranhas hinter dem Tresen zum Gucken. Einmal in der Woche werden die Piranhas gefüttert, und einmal habe ich dabei zugeschaut, sie bekommen Lebendfutter, darunter machen sie es nicht. Da habe ich gesehen, wie die großen Fische ratzfatz die kleinen Fische gefressen haben, und ich dachte, Donnerwetter, dieses Aquarium ersetzt dem Yuppie doch ein ganzes Studium, weil ich habe ja nicht nur zwischendurch Pinguine betreut, sondern auch jahrelang Wirtschaftswissenschaften studiert.

Im Maybach, ohne den Pisco Sour, denke ich anders über Ché. War der Commandante nicht eine Art Mao auf dem langen Marsch aus der kubanischen Schweinebucht nach Havanna? Ein Ho Chi Minh Südamerikas, Fidels Politkommissar, der seine politischen Gegner umbrachte oder zum Tode verurteilen ließ, darunter manchen Genossen von gestern? Ché ist nicht das einzige Idol, dessen Sockel im Maybach wackelt. Seit ich einmal über den großen Teich in die Karibik gesegelt bin, weiß ich zum Beispiel auch, dass ich nicht von Piraten gekapert werden möchte. Hinfort mit dem alten Plunder der Seeräuber-Romantik! Mein Herz schlägt für die ehrliche Matrosenhaut, soll sie meinetwegen Prolo-Premiere gucken.

Dann ist der Fußball aus, und ich sitze wieder auf der anderen Straßenseite in der Räucherkammer, zusammen mit Carlos unter dem Wandbild von Ché, die Revolutionsikone als echtes *mural*, ein Relief aus Putz gestaltet, rührend. Mit der Rührung steigt der Zweifel. Vielleicht ist es was rein Persönliches zwischen Ché und mir, und ich klügele nur mit meiner politischen Kritik. Ché ist früh gestorben, und so bleibt er *forever young*, hallo, Dylan, während ich unerbittlich älter werde. Das ist auf die Dauer unfair. Mein Junge, verschreibe ich mir ein neues Rezept, lass das Grübeln sein, abgebrüht und durchgeimpft, was soll die ganze Konsequenz? David Hume hat einmal gesagt: »Daraus, dass eins auf das andere folgt, folgt gar nichts.« Ich denke in der falschen Spur, denn genau das ist von Nahem besehen das *La Paz* in Eimsbüttel, die stressfreie Eingemeindung aller Herkünfte, Einkünfte und Auskünfte.

»Also los, Carlos, erzähl mir 'ne lustige Anekdote, das mögen die Leute. Du wirst doch hoffentlich genügend Spaß bei der Arbeit haben?«

Er strahlt: »Na klar, Mann!« Doch dann zieht eine Wolke über sein Gesicht, ihm fällt nichts ein. Das verstehe ich, na klar, Ladehemmung, ich hab ihn unter Druck gesetzt.

»Kennst du nicht eine schöne Bescherung von einem Pärchen hier im Laden?«

»Gut, dass du darauf kommst, Mann.«

Und dann erzählt er von dem alten Paar, das vor zwei Monaten in den Laden gekommen ist, vor 28 Jahren haben sie sich im *La Paz* kennengelernt, dann haben sie geheiratet und sind nach Kanada ausgewandert, und jetzt waren sie auf Besuch in der früheren Heimat. Genau an dem gleichen Tisch haben sie gesessen wie bei ihrer ersten Begegnung, siehst du, da drüben unter dem Bild, wo die beiden Frauen sitzen.

Ich sehe die beiden Frauen, und ich denke, wenn Johanna

nicht will, dann ist es ihre Sache, wer nicht will, der hat schon. Ich würde jetzt gern an dem Tisch drüben sitzen, und am liebsten mit den beiden Frauen gleichzeitig, mein lieber Junge, du bist aber so was von pubertär.

La Paz, Heussweg 49, Eimsbüttel, U2 Osterstraße

Reimer Eilers, geboren 1953 auf Helgoland. Zuletzt: *Im Blauwasser. Geschichten von der See*, Nordwindpress, 2006

Birgit Utz
Und auch Sorgenbrecher

Acht Grad, Regen, also nur zwei Straßen gehen. Keine wilden Abenteuer, einfach eine Bar, statt Wohnzimmer, mit anderer Musik als im Wohnzimmer und mit Leuten, mit denen man redet, ohne dass man weiß, wo sie wohnen. Zwischen den Abschleppschuppen diese Kaschemme, eine Insel auf dem Hamburger Berg. Es ist noch früh am Abend, es ist Montag, und ich sitze an der Bar. Es ist schön dunkel, und die Touristen sind wieder abgereist. Am Flipper steht jemand, hinter der Theke natürlich auch, das war's dann schon. Wir reden Englisch, der Barmann ist Amerikaner. »Hast du gewusst, dass 2007 das heliophysikalische Jahr ist?«, fragt er. Was »heliophysikalisch« sei, frage ich.
Da kommt dieser Typ rein. 60er-Jahre-Anzug, grau, Melone und eine Sonnenbrille. Ein Freak. Jemand, der auf Freejazz steht. Geheimtipp hier, montags. Er gibt uns die Hand. »I'm Rob«, sagt er, setzt sich neben mich und bestellt mit amerikanischem Akzent einen Gin.
»Es ist auch das Jahr des Delfins. Was sagst du zu 2007?«, frage ich Rob, der nach hinten in den schmalen Raum schaut, zu den Wandmalereien: Segelschiffe und ein Kirchplatz.
Er denkt kurz nach. »Sonnenfinsternis in Kanada, südlicher Ausläufer Chicago, am 22. Juli, panikartige Reaktionen«, sagt er ohne den Anflug eines Lächelns. Ich beschließe, die Mopo zu lesen, die auf der Theke rumliegt.

Rob erklärt solange dem Barmann die astrologische Philosophie von Sun Ra, es läuft »The Cosmic Explorer«. Der Barmann nickt, ich höre mit einem Ohr zu, wirres Zeug. Andererseits, manchmal fände ich das auch gut, so ein Spaceship, das mich einfach mitnimmt. Dann fragt er, wo es hier Live-Musik gibt. »Jazz?«, fragt der Barmann.
»Was sonst?«, fragt Rob.
Der Typ vom Flipper bestellt Bier. Ein Lockiger und ein Kurzrasierter mit schwarzer Brille kommen rein, wild diskutierend, quetschen sich zwischen Bar und Fenster. Die Schnacker passen alle an diese lange Bar, dahinter ist nur noch Platz zum Knutschen und Flippern.
Ich proste Rob zu, der die Neuankömmlinge beobachtet, er schreckt hoch, hebt unsicher sein Glas. Gegenüber diskutiert man laut beim Bier. »Deutschland ist eine Science-Fiction-Wüste. Das ist nun mal ein amerikanisches Phänomen.«
»Wenn aber nun Perry Rhodan verfilmt worden wäre, wenn der Pilotfilm nicht gefloppt wäre? Wenn das genauso viele Leute gesehen hätten wie Star Trek?«
»Sprichst du Deutsch?«, frage ich Rob.
»Nein«, sagt er. »Ist das – sind wir hier in Deutschland?«
»Hamburg, genau gesagt.« Der Typ spinnt und wirkt gleichzeitig so rational. Das ist mir ein Rätsel.
»Wohnst du hier?«, fragt er mich.
»Ja, bin vor zehn Jahren hergezogen.«
»Warum?«
Ich wünschte, er würde seine Brille absetzen, ich glaube, sie blinkt, irgendwo in den Bügeln blinkt es nach innen.
»Ich wollte Rockstar werden«, sage ich. Der Barmann stellt

uns Knabberkram hin, lacht. »Und in der Stadt, wo ich wohnte, war ich das auch, aber eben nur da.«

»Rock?«, fragt Rob. »Wer hört denn heute noch Rock?« Er ereifert sich über Stadionrock, dass damit Schluss sei. Dass die Improvisation das einzig Wahre …

»Genau«, sagt der Barmann, stellt Schnaps auf den Tresen und erzählt von seiner Band. Indische Musik. Rob schüttelt es kurz durch, als er den Mexikaner kippt, der ist selbst gemixt hier, hat es in sich.

Ich drifte ab, kenne mich nicht aus auf dem Gebiet. Irgendwas ist faul an diesem Rob. Den Leuten, die in Bars arbeiten, fällt das gar nicht mehr auf. Die haben das zu häufig.

»Ist mir doch egal, ob die den Plot vorgeben«, schreit der Typ mit den Locken am anderen Ende der Bar. »Bin ich eben trivial. Diese Schriftsteller, die hangeln sich von einem Stipendium zum nächsten, schreiben hier und da ein paar Seiten, heulen rum, weil sie so arm sind, und leiden an Größenwahn. Ich habe Geld. Meine Bücher werden gelesen. Die können mich alle mal.«

Die Tür geht auf, ein Mädchen, das ich hier schon öfter gesehen habe, stolpert über den ersten Barhocker, direkt an der Tür. Rob hebt sie auf. Schiebt sie vor sich her. Sie lässt sich auf den Barhocker neben ihn fallen. Er streckt ihr die Hand hin, stellt sich vor.

»Moon«, murmelt das Mädchen, bestellt Bier. »So ein Arsch. – Nicht du.«

Rob schaut auf den Boden. »Ist diese Bar berühmt?«, fragt er mich leise.

»Ich weiß nicht. Eigentlich gibt es hippere Bars. Aber ich kannte sie schon, bevor ich hier wohnte. Es gab dieses Lied von den Lassie Singers: Skianzüge, am Hans-Albers-Platz, Frühstückstyrannen und auch Sorgenbrecher ...«

»Mein Freund hat mit mir Schluss gemacht, er kann mich nicht mehr leiden ...«, singt Moon laut und falsch dazwischen.

»Hey, bisschen runterkommen, okay?«, sagt der Barmann und schenkt ihr ungefragt einen Saft ein.

Der Schwarzbebrillte: »Aber du hättest doch was zu sagen, ich meine, mehr als das Zeug ...«

»Ich bin noch jung«, sagt der Autor mit vielsagendem Lächeln, »mach dir mal keine Sorgen.«

Ich muss aufs Klo, Rob steht auf, lächelt, läuft hinter mir her, ich bleibe vor der Piratin stehen. »Links sind die Herren«, sage ich.

»Klar.« Er schaut zu mir, dann zum schwulen Matrosen, verschwindet.

»Hast du den Typ schon mal gesehen?«, frage ich den Barmann, wieder am Tresen. »Der ist doch – der kennt die Musikgeschichte nur bis in die 70er. Ende Gelände.«

Der Barmann schüttelt den Kopf, zwinkert mir zu, Rob lässt sich wieder neben mir nieder.

Ich bestelle das nächste Bier, proste Moon zu. »Warst du auch auf dem letzten Lassie-Singers-Konzert?«

»Wir haben getanzt bis zum Umfallen«, sagt sie. »Und einen Tag später war er weg. Jetzt auch wieder. Die verschwinden alle.« Sie wendet sich Rob zu. »Hey, wo übernachtest du?«

»Ich weiß noch nicht«, sagt Rob.

Ich schütte das Bier runter. »Woher kommst du?«

»Du würdest mir sowieso nicht glauben«, sagt er.

»Chicago«, rät der Barmann. »Dein Akzent.«

»Okay, Chicago«, sagt Rob.
»Hey, ich bin auch aus Chicago.« Der Barmann wieder.
»Da wollte ich eigentlich hin«, sagt Rob.
Der Barmann lacht.
Rob holt ein würfelförmiges Handy mit blinkenden Zahlen und Symbolen auf allen sechs Seiten aus der Tasche. »Funktioniert nicht mehr. Wisst ihr, wo man das reparieren kann?«
Der Barmann und ich wechseln Blicke. So langsam findet selbst er Rob nicht mehr normal. »So was gibt es bei uns nicht«, sage ich. »Was ist das?«
»Ein Mehrzweckgerät«, sagt er, will es in seiner Jacketttasche verschwinden lassen.
Moon geht dazwischen. Sie nimmt ihm den Würfel weg, steckt ihn in ihren Hosenbund, schmeißt sich ihm an den Hals.
Rob schaut mich Hilfe suchend an. Ich umarme mich selbst, nicke ihm zu, er legt einen Arm um Moon, die ermutigt sein Ohrläppchen zwischen die Zähne nimmt, zieht panisch den Würfel aus ihrem Hosenbund. Sie drängt sich näher an ihn.
Der Barmann und ich grinsen uns zu. Er gibt mir das nächste Bier. Versucht, mir zu erklären, was heliophysikalisch ist.
Rob tritt mir ans Schienbein, flüstert: »Was will sie?«
»Du bist wirklich nicht von hier, oder?«, flüstere ich zurück. Er nickt.
»Lass sie einfach machen.«
»Okay«, sagt er, streichelt ihren Rücken, ich stoße mit dem Barmann an.

»Kommst du mit?«, fragt Moon, viel zu laut, in Robs Ohr, es ist nicht viel Zeit vergangen.
Rob sagt ja. »Können wir uns morgen treffen?«, fragt er mich, als wir uns verabschieden.
»Okay«, sage ich. »Um neun wieder hier? Viel Glück bis dahin.«

Ich bin hingegangen, drei Tage hintereinander, dann habe ich aufgegeben. Habe Rob fast vergessen. Bis es diese Sonnenfinsternis gab, am 22. Juli in Kanada, Ursache ungeklärt. Dort gibt es jetzt eine Sekte, die wollen auswandern ins Weltall.

Sorgenbrecher, Hamburger Berg 23, St. Pauli, S1, 2, 3 Reeperbahn

Birgit Utz, geboren 1970 in Karlsruhe. Zuletzt: *Weggefahren*, Minimal Trash Art, 2007

Wolfgang Schömel
Es muss zur Sache gehen!

Der *Marinehof* liegt an prominenter Stelle im »Neidlingerhaus« an der Ecke Admiralitätsstraße/Michaelisbrücke, einem schönen Gründerzeitbau aus den Jahren 1885/86, der die Bombennächte irgendwie überstanden hat. Bei schönem Wetter kann man, schlicht sitzend, aber exzellent bewirtet, draußen auf dem Fleetmarkt essen. Ansonsten sitze ich drinnen, am liebsten oben auf der Empore, in der Loge sozusagen. Von dort aus lässt es sich trefflich kommentieren, bewundern und lästern.

Das Sitzen hoch oben über der offenen Küche behalten die Klamotten in deutlicher olfaktorischer Erinnerung. Allerdings: Fettgestank und Geschmacksverstärkerduft gibt es nicht. Die Küche des *Marinehofs* ist nämlich leicht und vorzüglich. Zwei Mal am Tag wechselt die Karte. Regionale, saisonale, neue deutsche, vegetarische, asiatische Gerichte, hausgebackene Kuchen – alles passt wie organisch zueinander, und niemand kommt auf die Idee, einen modischen Begriff dafür zu finden. Seele der Küche ist die Mitbegründerin des *Marinehofs*, Astrid Wettstein, die Gefährtin des Wirtspoeten Eckhard Rhode, der eher wie ein Gast wirkt, wenn er mit suchenden Augen und unsicher durchs Lokal läuft. Mich erinnert er physiognomisch an die wenigen Abbildungen von Georg Trakl. Neulich erlebten wir ihn auch als Rolf Dieter Brinkmann in »Brinkmanns Zorn«, einem

Film von Harald Bergmann, der sich Brinkmanns Tonbandaufnahmen und Textpassagen seiner Arbeitshefte bedient. Vor etwa siebzehn Jahren hat er zusammen mit Astrid Wettstein das Lokal gegründet, sie von der Gastronomie her kommend, er von der Poesie, auch darauf vertrauend, dass der Geist der benachbarten Künstler vom »Westwerk« in den *Marinehof* einfließen werde. Unterstützt wurden die beiden vom Architekten Hans Thalgott. Das Vorhaben ist gelungen.

Oben, am Geländer sitzend, habe ich den feldherrlichen Überblick über das fast immer reichlich vorhandene Publikum und dessen kulinarisches und kommunikatives Treiben. Ich esse die ausgesucht guten Wiener Würstchen, gerne auch die vielleicht beste Weißwurst außerhalb Bayerns, trinke das zweite große »Augustiner Edelstoff«, ein hervorragendes Bier, das ich nur hier bekomme. Außer der eher dunklen Kleidung, die fast alle Gäste tragen, ist Gott sei Dank keine Gemeinsamkeit, was Weltanschauung, Lebensalter, bevorzugte Sexualtechniken oder sonstige Szenezugehörigkeit angeht, zu erkennen. Die meisten werden relativ anspruchsvolle Innenstadtjobs haben, über die Zukunft des Planeten nachdenken und keine SUVs besitzen. Sollte jemand Porsche fahren, dann ist es einer von den »schönen alten« aus den Achtzigerjahren. Journalisten, Werber, Buchmenschen, Trendsetter und Trendforscher, Juristen und Galeristen zwischen 25 und 70, dazu die etwas weniger verdienenden und etwas jüngeren, aber hoffnungsvollen, aufstrebenden und gut gekleideten Damen aus den angesprochenen Branchen. Einige von ihnen, in den Dreißigern und Vierzigern sind sie, suchen immer noch den erfolgreichen großen Mann, der sie wirklich versteht. Dass dieser Mann ökonomischen Erfolg hat, ist selbstverständlich allein seiner ungewöhnlichen und liebenswerten Kreativität geschuldet! Terroristische Optimisten und ausgesprochene Arschlöcher sind unter den Gästen selten zu sehen. Als Kenner der Menschheit darf man vermuten, dass viele sich ein erotisches Ereignis wünschen. Allerdings tut niemand etwas dafür, um die angestrebten Vorgänge herbeizuführen oder wenigstens einer Herbeiführung durch die jeweils gegengeschlechtliche Partei den Weg zu ebnen. Aber das ist ja, ganz besonders in Hamburg, die Regel und hat nichts mit dem *Marinehof* zu tun.

Abends geht es dort bereits gegen 18.30 Uhr los, endet dafür eher früh. Nach Mitternacht sind häufig die benachbarten, mehr oder weniger bekannten und angeheiterten Künstler und Intellektuellen der Fleetinselateliers tätig, prominent aufgegipfelt zum Beispiel von Rocko Schamoni oder Helge Schneider, den, wie man sagt, dringende private Erledigungen häufiger in ein Atelier der Admiralitätsstraße führen.

Es ist 21 Uhr 30, ich zähle durch: Es herrscht ein leichter Frauenüberschuss, der aber dadurch entsteht, dass drei größere Frauengruppen zusammenhocken. Wir Männer wissen, dass diese weiblichen Wagenburgen für unsere Zwecke generell zu vergessen sind. Für Frauen gibt es ärgerlicherweise gelegentlich interessantere Themen als Männer, während hinter unseren Themen, egal hinter welchen, stets die Frau steht, sogar dann, wenn wir uns über das Angeln oder Bergsteigen unterhalten. Auch das sind Tätigkeiten, die wir der Frauen wegen ausüben, nämlich deswegen, um temporär von der stachelnden Anwesenheit des Weiblichen erlöst zu werden.

Bei den Herren an der Theke – häufig sitzen hier mittelständische und gut gekleidete Einzelgänger – ist mittlerweile Grübelei zu beobachten. Unruhige Kopfbewegungen nach links und nach rechts signalisieren die Hoffnung auf Erlösung durch eine plötzlich daherkommende schöne und extrem lüsterne Frau. Wie aus dem Nichts wird sie auftauchen und die Sinnlosigkeit des Daseins beenden! Die Wartezeit auf dieses Ereignis verkürzen Bier und Wein.

Die beiden Saarländerinnen an meinem Tisch, die eine blond mit titanischen Brüsten, die andere dunkel mit sehr kleinen Brüsten, sind in jeder Hinsicht Ausnahmen. Hierbei ist allerdings zu bedenken, dass der Saarländer als solcher überall auf der Welt in jeder Hinsicht eine Ausnahme ist. Aber die größte Ausnahme überhaupt ist er in Hamburg. Zum Beispiel ist die eine der beiden Damen – die mit den kleinen Brüsten – schon mal »wegen lauten Lachens« aus einem bekannten Hamburger Weinlokal rausgeflogen. Da beide Damen außerordentlich attraktiv sind, könnte man gefahrlos einen Durchschnitt aus ihnen ziehen, sozusagen. Heraus kämen zwei schöne Braunhaarige mit mittelgroßen Brüsten. Sie behaupten beide, ein ausgesprochen männliches erotisches Verhalten zu haben. Zum Beispiel, sagen sie, hassen sie allzu lange Vorspiele beim Sex. »Es muss zur Sache gehen!«, kommt es choral-synchron und dermaßen laut aus ihnen heraus, dass der kleine Satz, gefolgt von schrillem Lachen, wie ein Pfeil durch den Lärmpegel dringt. Beide würden sie den sehr gut gekleideten dunkelhäutigen Herrn mit dem warmen Lachen und den ungewöhnlich schweren

Lidern, der am selben Tisch sitzt, »nicht von der Bettkante stoßen«. Ich bin leicht beleidigt und bestelle ein weiteres Augustiner beim bedienenden Herrn, der, wie alle Bedienkräfte im *Marinehof*, freundlich ist, Ironie sowie komplexe und hintersinnige Verlautbarungen nicht nur versteht, sondern sich sogar darüber freut. Später gehe ich vor den beiden Damen die tückische Wendeltreppe hinunter, um die eine oder andere von den beiden auffangen zu können, falls es nötig wird.

Marinehof, Admiralitätsstraße 77, Zentrum, S1, 3 Stadthausbrücke, U3 Rödingsmarkt

Wolfgang Schömel, geboren 1952 in Bad Kreuznach. Zuletzt: *Die Reinheit des Augenblicks*, Verlag Klett-Cotta, 2007

Martin Brinkmann
Konferenz in Finkenwerder

Der wahre Fußballfan sollte die *Gaststätte Jack* in Finkenwerder kennen. Unter einem wahren Fußballfan verstehe ich übrigens einen Anhänger des SV Werder Bremen. Inmitten des schönen Finkenwerder, direkt hinter dem Köhlfleet Hauptdeich gelegen, unweit eines kleinen Hafens, in dem ein stets von Shanty-Chören tönendes Fährschiff festgemacht hat, befindet sich besagte Kneipe. Von außen wirkt sie nicht besonders Vertrauen erweckend, eher wie eine hinter Klinkern versteckte Imbissbude. Doch das Innere von *Gaststätte Jack* überzeugt sofort. Man befindet sich hier in einer Art niedrigem Holzverschlag, Decke und Wände sind hell getäfelt. Auch der Tresen, der, wie es sich gehört, den Schankraum dominiert, ist aus hellem Holz. Die blaue Plastikzierleiste zu Füßen der etwa acht Barhocker verdient besondere Aufmerksamkeit. Hinter dem Tresen hängt eine Attrappe der Meisterschale an der Wand, bekränzt von einem Werder-Schal. Ebensolche Schals, die den Sieg des Doubles im Jahr 2004 verkünden, schmücken das Gläserbord. Apfelschorlekisten stapeln sich in einer Ecke der Gaststätte. Für ein separates Lager hat es offenbar nicht gereicht.

Am Samstagnachmittag findet sich in der *Gaststätte Jack* ein halbes Dutzend mehr oder weniger verlorener Gestalten ein. Auch ich muss wohl mehr oder weniger verloren sein. Hockte ich sonst hier drinnen, in dieser im Übrigen sehr licht und luftigen Trinkerhöhle, während draußen der Sommer seine blaue Fahne knattern lässt, oder wie das heißt. Tatsächlich verspreche ich mir von diesem Kneipenbesuch ja nichts Geringeres als die Erlösung. Vor allem einmal die Erlösung von der Verkaterung, die die vorhergehende Saufnacht zu verantworten hat. Das erste Bier nehme ich daher in kleinen homöopathischen Schlücken zu mir. Dann geht mein Blick langsam hoch zum Bildschirm, auf dem die Arena-Konferenzschaltung läuft. Alles gewinnt jetzt an Ordnung und Richtigkeit. Sogar die erste Zigarette schmeckt schon wieder. Vier Uhr am Nachmittag, das Billigholz der Theke glänzt, durch zwei offen stehende Türen scheint die Sonne herein. Der Hund eines Gastes pinkelt aus irgendeinem Protest heraus gegen den Türrahmen. Die Kneipenkatze streicht um die gestapelten Apfelschorlekisten herum.

Keineswegs unerwähnt bleiben darf: Die Biere im Gasthaus *Jack* sind äußerst professionell und liebevoll gezapft (0,3-Jever für zwei Euro, da kann man nicht meckern). Das hat übrigens auch den Vorteil, dass sie nicht so schnell heranrücken. Man tränke sonst zu viel! Eine Gefahr, von der alle Gäste des Werder-Wirtes bedroht zu sein scheinen. Keiner da, der nicht bereits leicht einen im Kahn hätte. Etwa der schmale Kerl mit den akkurat nach hinten gegelten Haaren. Sein Gebiss weist einige Lücken auf. Wohl im Gegensatz zu dem kleinen Hornkamm, den man in seiner Gesäßtasche vermutet, der dürfte in tadellosem Zustand sein. Auch der typische beleibte Unterhemdträger darf an diesem Ort nicht fehlen. Mit geradem Rückgrat, die Arme vorm Dickbauch verschränkt, sitzt er auf dem Hocker. Hin und wieder greift er zum Glas, nimmt einen tiefen Schluck, verschränkt dann sogleich die Arme wieder vor dem Bauch. Nichts wird ihn hier je fortbewegen. Eine einzige Frau leistet der Trinkertruppe Gesellschaft. Bis vor kurzem saß sie noch auf der Terrasse, wenn das gepflasterte Areal um die Kneipe herum so genannt werden kann. Was auf dem Bildschirm geschieht, scheint sie nicht sonderlich zu interessieren. Sie klammert sich am Tresen fest, als könnte sie jeden Moment darauf einschlafen. Gesprochen wird hier eher selten. Höchstens, dass die Äußerungen des Fußballkommentators, die heute mal wieder besonders dämlich sind, Anlass geben zu mehr gebellten als gesprochenen höhnischen Kommentaren. Dann geht ein großes Gelächter durch die Tresenrunde. Der allgemeinen Freude kann auch ich mich nicht entziehen. Worum ging es noch gleich? Das habe ich sofort wieder vergessen. So oder so ähnlich jedenfalls hat man sich Jacks Gaststätte und ihr Publikum vorzustellen.

Wie es dann weitergeht? Schneller als einem lieb ist, wird das letzte Spiel abgepfiffen. Die Konferenz ist so gut wie vorbei, nur die nervige Interviewphase steht noch aus. Die Köpfe wenden sich jetzt vermehrt weg vom Bildschirm. Das Interesse am nächsten Bier gewinnt machtvoll die Oberhand. Bevor er allerdings darangeht, die nächste Runde anzuzapfen, korrigiert der Werderwirt erst mal die Magnet-Tabelle an der Wand. Der HSV ist zwei Plätze abgesunken. Aber das stört hier niemanden. Dann werden die Chancen analysiert, die der SV Werder noch auf die Meisterschaft hat. Der Besitzer von Jacks Gaststätte ist ein wandelndes Fußball-Lexikon und scharfsinniger Beobachter der Liga-Situation. Seiner Prophetie zufolge wird sich alles zum

Besten entwickeln. Grünweiß erklimmt schon bald wieder die Tabellenspitze. Darauf bestelle ich noch ein Bier. Auch ein schlechterer Anlass wäre mir jetzt recht, um weitertrinken zu können, um bloß nicht so schnell wieder vor die Tür zu müssen. Tatsächlich trudelt sogar noch weiteres Publikum ein. Normaler Kneipenbetrieb beginnt. Ein angenehmes betriebsames Summen breitet sich im Schädel aus.

Irgendwann reiße ich mich doch vom Tresen los, steige vom Hocker runter, zahle und torkele halbschwer ab. Längst bin ich für diesen Tag, der in einen milden Abend ausmündet, verloren. Aber hatte ich denn ernstlich mit etwas anderem gerechnet? Das friedlich besonnte Finkenwerder mit seinen kleinen Elbhäusern rückt mir so nah, wie einem die Dinge nur in der Betrunkenheit kommen können. Lebensmöglichkeiten scheinen auf, die ich zwar heute nicht mehr, aber immerhin schon bald verwirklichen könnte. Endlich fahre ich mit der Fähre rüber nach Altona, der Kiez ruft. Was keineswegs auszuschließen ist: Vielleicht komme ich ja morgen wieder über die Elbe rüber in die *Gaststätte Jack*, um das Sonntagsspiel zu gucken, wenn nämlich Werder ins Geschehen eingreift – und natürlich zum Runterdosieren.

Gaststätte Jack, Kanalstack 5, Finkenwerder, Fähre Linie 62 bis Anleger Finkenwerder

Martin Brinkmann, geboren 1976 in Bremerhaven. Zuletzt: *Heute gehen alle spazieren*, Deutsche Verlags-Anstalt, 2001

Tina Uebel
Im Kiezbauch. Eine Liebeserklärung

Das Clochard ist ein großer Bauch, in dem sich allerlei Unverdauliches sammelt. Es ist warm und dunkel hier und gluckst und knurrt und lebt, und den Herzschlag liefert die Jukebox mit Metallbeats, die noch vier Stockwerke höher zart rumoren (an stillen Tagen) oder die Kakerlaken auf den Badezimmerkacheln vibrieren lassen (in lauten Nächten), sowohl als auch, denn das Clochard ist vierundzwanzigstündig geöffnet. Ich muß das wissen, denn ich wohne vier Stockwerke höher, und das bereits seit mehr als zehn Jahren.
Meine Liebesaffäre mit dem Clochard aber begann lange vorher, Ende der Achtziger, als mein Freund Hanno und ich dort Zuflucht suchten vor den grausligen grünen Vororten Hamburgs, wo wir in eine Schule gingen, in der Lebensformen in Lacostehemden und weißen Golfen ihrer Karrierechancen wegen noch vor dem Abitur in die Junge Union eintraten und die Verlogenheit der Oberschichtsbürgerlichkeit einem die Luft zum Atmen nahm. Im Clochard hingegen wurde die Atmung nur durch solide Rauchschwaden erschwert, und man soff anständig und ehrlich, während die Volks- und Großhansdorfer Mütter hinter geschlossenen Rolläden Psychopharmaka schmissen und uns vor den Gefahren des Drogenkonsums eindringlich warnten. Das Clochard war der ClubMed für revoltierliche

Bürgerkinder, wir verbrachten Heiligabend hier und aßen Schmalzbrote, denn im Clochard gibt es Schmalzbrot zu Weihnachten. Im Clochard gibt es immer Schmalzbrot. Die Jukebox hatte damals von Metall noch nichts gehört und quoll über vor schaurigen Schnulzen, sie bot nur drei Titel, die hörbar waren, »Auf der Reeperbahn nachts um halb eins« von Hans Albers, »Hey Joe« von Jimi Hendrix und den dritten habe ich vergessen. Es ist lange her. Nein, natürlich erinnere ich mich: »In the Ghetto«. Wir hörten in vielen Nächten Dutzende Male hintereinander »Hey Joe«, wenn wir genug Geld für die Jukebox hatten, hörten aberwitzigen Geschichten der alten Berber zu, die hier nächtigten, im Dunkel, der Wärme und der Geborgenheit des guten alten Kiezbauches im ersten Stock der Reeperbahn 29, wo das Bier billiger war und ist als irgendwo sonst. Hinter den Ruinen der Klotüren begann die Dritte Welt, wir durchwateten sie mit mutiger Entschlossenheit. Nirgendwo lauschte ich so guten Geschichten, nirgendwo hörte ich so oft »Hey Joe«.

Mit dem Betreiberwechsel verschwanden die Berber, verschwand Joe, wo ging er hin mit der Waffe in der Hand? Die Schmalzbrote blieben, die Bierpreise stiegen nur leicht und die Klos sind keine Nehbergsche Herausforderung mehr. Ich beendete die Schule und verschwand aus den Vororten. Nach Nächten auf dem Kiez saßen wir auf der Terrasse, die das Clochard anstelle von Fenstern besitzt, und sahen der Stadt beim Aufwachen zu.

Das Clochard ist eine Kneipe, in der man den Abend eher beendet als ihn beginnt. Oder das Leben, je nachdem, je nach Veranlagung. Es ist nach wie vor eine Kneipe, in der man miteinander redet und entschlußfreudig säuft. Es arbeiten und leben und sitzen dort die nettesten Menschen der Welt, es sind meine Nachbarn, es sind die besten, die man haben kann. Welch ein Zufall, dachte ich, als ich in die Reeperbahn 29 einzog, nachdem ich jahrelang nicht mehr dort gewesen war, im Clochard. Komme ich nach Hause, weht mich aus der Clochardtür ein warmer muffiger Lufthauch an wie ein Atem. Denn das Clochard lebt. Deswegen atmet es, klar. Weil nicht nur Metall läuft, verlasse ich morgens oft das Haus und nehme einen Schnippel Musik mit in den Tag, mal ist es Nirvana, mal Joachim Witt, mal Led Zeppelin, manchmal auch ein schrulliger Wiedergänger aus meiner Achtzigerjahrejugend, und ich singe den Rest des Vormittags diese Verrostung zu mir. Sitzen tu ich dort selten, fast nie. Es fehlt wohl an Zeit und an Muße. Schade eigentlich. Ich schneie herein, sage Hallo, hol meine Post, hol mir ein abendliches Astra oder Zigaretten, bleibe auf einen kurzen Schnack. In warmen Nächten horche ich den Dramen nach, die sich auf der Terrasse abspielen, ich glaube nicht, daß ein anderer Ort Hamburgs eine ähnliche Dichte an lautstarken Beziehungskrisen aufweisen kann. Manchmal wird mit den Biergartenbänken geworfen, aber nur, wenn es wirklich ernst und vonnöten ist. Sonst nicht.

Der ferne Radau dort unten wiegt mich in den Schlaf wie der mütterliche Herzschlag einen Embryo. Meine Bilder lappen nicht von ungefähr ins körperliche, das Clochard ist ein physischer Ort, laut und dreckig wie das Leben selbst. Ein Bauch. Unverdaulich zu sein ist nicht das schlechteste in einer Welt, durch deren Eingeweide Konformisten und Konsumenten hindurchglitschen, ohne Spuren zu hinterlassen. Um uns herum wird der Kiez in rasendem Tempo zu Tode verhübscht, auf dem Gelände der ehemaligen Astra-Brauerei wächst ein Luxushotelkomplex plus Eigentumswohnungen, auf der Reeperbahn ersetzen Reisebüros und Apotheken die Sexshops und Kaschemmen, der erste H&M dünkt mir nicht fern. Sogar meine Kakerlaken sind fortgezogen. Es entstehen viele Fassaden. Noch aber findet man auch die Innereien. Ein Ort ist nicht lebensfähig, der nur aus Gesicht besteht. Noch treffen sich im Clochard Punks und Penner, Trinker, Trantüten, Tellerwäscher, Troglodyten, Trilobiten, Toreadore, Transnistrier, Tagelöhner, Tagediebe, Tagträumer und Nachtaktive und Nachtpassive, Müßiggänger, Nichtsnutze, Vielfraße, Vogelfreie, Schlawiner und Schaluppen, Schwerenöter und Schwerversehrte, Kaputtniks und Heilige und Normale und weniger Normale, Traurige und Ausgelassene und wirklich sehr Besoffene und meine Nachbarn und wagemutige Vorstadtkids und Skatspieler und Kickerspieler und Streithähne und Klönschnacker und außergewöhnlich viele verkrachte Pärchen und Lärmende und Leise und FC-St.-Pauli-Fans und Fans des Lebens im allgemeinen und Biertrinker und Schnapstrinker, wir alle, die Einsamen und die Geselligen, die Überwachen und die, die auf den schröddligen Bänken einschlafen nach all dem guten Bier. Am Abend des Todestages von Bukowski kam mir aus der Clochardtür ein großer, wankender Mensch entgegen, fragte mich, ob ich gehört hätte, daß Bukowski gestorben sei, warf sich in meine Arme und weinte an meiner Schulter. Ich denke, St. Bukowski ist seither der Schutzheilige des Clochards, ich denke, es ist kein schlechter Ort hier zum Leben für einen Schriftsteller, ich bin mir sicher, es ist in jedem Falle einer der besten Orte zum Trinken, die man finden kann.

Der Clochard, Reeperbahn 29, St. Pauli, S1, 2, 3 Reeperbahn/U3 St. Pauli

Tina Uebel, geboren 1969 in Hamburg. Zuletzt: *Horror Vacui*, Kiepenheuer & Witsch, 2005

Frank Lähnemann
Die Tür war auf!

(für Caspar)

»Es geht nicht ums Saufen!« Eine wichtige Feststellung, wenn nicht die allerwichtigste, die Menschen äußern, die sich regelmäßig vor jene Holzplanken klemmen, die man gemeinhin »Tresen« nennt. Es geht um viel, viel mehr. Es geht um den kneipeneigenen Geruch, um den Geruch der Bierschwemme. Um Fotos der Belegschaft und Postkarten aus Reit im Winkl, die hinter den »Jameson«-Spiegel geklemmt sind, um Notizen in Glaskästen, die »Hier hat am 12.8.2000 Paul Endruschat einen Grand ohne Vier gespielt« lauten. Hier war man Mensch, hier war man Leistungsträger. Für einen solchen Ort war »Kneipe« ein viel zu banales Wort. Besonders wenn es von Ehefrauen ausgesprochen wurde, die dann einen leicht verächtlichen Unterton in die Stimme legten. Mein Psychotherapeut sagte: »Ihr Wohnzimmer!« Unsereins sagt: »Hallen der Heilung!« Im *Froggy's* nennt man das ältere Besitzer-Ehepaar liebevoll »Oma« und »Opa«. Muss man da noch mehr erklären?
Im *Frosch* kann man wunderbar seinen Hochzeitstag feiern. Ohne seine Frau natürlich. Die Feierlichkeiten beginnen gewöhnlich mit einer Tresenrunde auf das Ereignis. Andere schließen sich gerne an, wenn ihnen plötzlich einfällt, dass

sie ja auch einmal eine längere Beziehung hatten. »Ich war drei Jahre mit jemandem zusammen!« – »Tresenrunde!« – »Ich war ein halbes Jahr mit jemandem zusammen!« – »Tresenrunde!« Drei Stunden später: »Ich habe heute Morgen auch eine Frau gesehen!« – »Tresenrunde!«

An einem frühlingshaften Morgen im Mai 2003 war alles anders. Ich wohnte damals – glücklicher- und unglücklicherweise – nur handgestoppte 41 Sekunden Fußweg vom *Froggy's* entfernt. Bereits beim Altpapierentsorgen um 11 Uhr 30 war mir aufgefallen, dass in meiner Halle der Heilung das Tresenlicht brannte. Durch die Scheibe – es gab keine traditionslokaltypischen Gardinen, auch wenn »Opa« hin und wieder bemerkte, dass aus Gründen der Diskretion durchaus welche vonnöten wären – konnte ich neben Caspar, dem Sohn von »Oma« und »Opa«, auch den Doc am Tresen ausmachen.

Der Doc: ein Phänomen und 'ne Type. Seinen Aggregatzustand konnte man an der Anzahl der gesprochenen Worte ablesen. Klar: Andere wurden auch mit fortschreitender Feuchtfutteraufnahme gesprächiger. In meinem gesamten Säuferleben habe ich es jedoch bei niemandem so extrem erlebt. War der Doc nüchtern, sagte er nur etwas, wenn man ihn fragte. Keine Adjektive, kein Wort zu viel. Unter Alkoholeinfluss war das anders. Man konnte sich vor seinen wasserfallartigen Vorträgen kaum retten. Er setzte sich einem dann auf den Schoß, und plötzlich befand sich auch der Genosse Stalin mit am Tresen. Da musste der Feind schon mal kurzerhand erschossen werden! »Doc, bitte, heute wird aber keiner erschossen!« Meinen Sohn krönte er dagegen gerne zum König von Italien. Wie das alles kam? Seine

Schulzeit jedenfalls hatte der Doc Stuhl an Stuhl mit dem Poptheoretiker Diedrich Diederichsen verbracht. An diesem Frühlingstag im Jahr 2003 wasserfallte der Doc bereits ab 11 Uhr 30. Genosse Stalin war dabei, Arbeiter und Bauern stürmten an die Gewehre. Den Grund erklärte er mir später: »Die Tür war auf!«

Die Sonne schien, die Vögel zwitscherten, die Welt drängte nach draußen. Die ganze Welt? Nein! Eine von unbeugsamen Trinkern bevölkerte Halle der Heilung hörte nicht auf, dem Freilufttreiben Widerstand zu leisten. Als ich gegen 14 Uhr vom Einkaufen zurückkehrte, traute ich meinen Augen nicht. Die Tische quollen über vor Einkaufstüten, und der Tresen war komplett besetzt – was selbst zur regulären Öffnungszeit um 17 Uhr äußerst selten passierte. Verwundert tippte ich die Tür leicht an. Sie war tatsächlich auf! Kurz drehte ich mich noch zu meiner Frau um, aber die nickte nur. Dagegen hatte sie keine Argumente mehr.

»Was ist denn hier los?!« Der Kanon lautete: »Kam vom Einkaufen, sah den Doc, die Tür war auf!« Der Doc war indes bereits bei den Punischen Kriegen angelangt. Caspar spielte »Neues aus Stenkelfeld«-CDs und zitierte Anekdoten aus Bill Bryson-Büchern. Julchen tirilierte. »Juhu! Pro-host, ihr Lieben!« Auf einen Schluck Hefeweizen kamen drei Gläser Korn. Arno, ein eher seltener Gast, weil er ständig mit der Zubereitung eines Rehrückens oder anderer kulinarischer Kleinigkeiten beschäftigt war, weswegen ihn besonders witzige Tresenpfeiler regelmäßig auf »Fischstäbchen-Carpaccio« ansprachen, konnte seinen Lieblingssatz »Wenn du nur hast!« nicht mehr einwandfrei aussprechen. »Wenn du nur hascht!«

Uli war jeden Tag der Erste im *Froggy's*. Er bestand auch auf seinen angestammten Barhocker in der Ecke. Oft kratzte er bereits um 16 Uhr 45 an der Tür und tadelte Thekenkräfte, wenn sie ihren Arbeitsplatz um diese Zeit noch nicht vorbereitet hatten, ein Kardinalfehler. Auch an diesem frühlingshaften Nachmittag im Mai wollte er sichergehen, dass ihm niemand die Poleposition stibitzte. Zu jener Zeit verabschiedete er sich übrigens tagtäglich. Er wollte nicht mehr kommen, er wollte nicht mehr trinken. Nach seinem *Froggy's*-Aufenthalt ging er hinüber in die Nachbarskneipe auf der anderen Straßenseite, um dort ebenfalls »Lebewohl« zu sagen. Und am nächsten Tag startete die Abschiedstournee von Neuem. Später nannte er uns den 1. August als Stichtag für sein Fernbleiben, verriet aber nicht das Jahr dazu. Heute fragt keiner mehr danach. Und fehlt Uli auch nur einen einzigen Tag, machen sich alle ernsthaft Sorgen. Aber Ulis Platz war an jenem Frühlingsnachmittag besetzt, und das um 16 Uhr 30! Sauerei. Und alle anderen Thekenplätze auch. Nun aber schnell, dachte sich Uli, die einzige Chance, das zu kompensieren, war: Auf einen Schluck Hefeweizen kamen vier Glas Korn.

Als der ehemalige Sänger einer legendären Deutschpunk-Band, deren Platten auch schon mal zensiert wurden und die in ihren Songs für Polizisten eher respektlose Synonyme verwendeten, an jenem Frühlingstag im Jahr 2003 um 17 Uhr aus der Dusche stieg, fragte er sich, ob er seine Stammkneipe aufsuchen solle. Ausgerechnet an einem Samstag, an dem die Feierabendrunde am Tresen ausfiel? Eigentlich keine Aussicht auf eine turbulente Zeit. Und er wäre möglicherweise der Erste. Er würde sich zu Tode langweilen. Aber:

Der Erste zu sein – das war vielleicht gar nicht schlecht. Kragen hoch und los!
Dicken rieb sich verwundert die Augen. Wo kamen diese Menschenmassen her? Was war denn hier los? »Die Tür war auf!«, jubilierte ihm der *Froggy's*-Chor entgegen. Und Dicken, der so gerne im Mittelpunkt stand, war plötzlich grauenhaft im Hintertreffen. Nicht mal annähernd auf Augenhöhe mit den anderen, also: »Drei doppelte Wodka, bitte!« Der Doc war inzwischen bei der Evolution angekommen. Caspar spielte »Neues aus Stenkelfeld«-CDs und zitierte Anekdoten aus Bill Bryson-Büchern. Julchen tirilierte. »Juhu! Pro-host, ihr Lieben!«
Gern würde ich auch noch über den weiteren Fortgang des Abends berichten, nur: Ich kann mich beim besten Willen nicht mehr erinnern. Irgendwann muss meine Frau mich abgeholt und weggeschlossen haben. Noch heute wird in lustiger Runde mit feuchten Augen und ebensolcher Kehle über diesen Tag gesprochen. Auch vom Doc – sogar in nüchternem Zustand. Und wer weiß: Vielleicht rüttelt so manch einer versuchsweise an der Tür des *Froggy's*, wenn er mittags vom Einkaufen kommt. Möglicherweise war ja die Tür auf!

Froggy's, Eimsbütteler Chaussee 29, Eimsbüttel, U2 Emilienstraße oder Christuskirche

Frank Lähnemann, geboren 1963 in Dortmund. Zuletzt: *Polyesterliebe*, Lautsprecherverlag, 2004

Nico Spindler
Die Skeleton-Power-Punsch-Gesellschaft

Der Abend, an dem ich in der *Bar ohne Namen* unerwartet Thekendienst hatte, muss sich folgendermaßen abgespielt haben: Nach einem ordentlichen »Zug durch die Gemeinde«, wie der halb-finnische Altenpfleger in der Wohnung unter mir es nennen würde, war ich schon fast vor meiner Haustür angekommen, als mich mein Weg noch durch Zufall an der *Bar ohne Namen* vorbeiführte.

Wann immer mich die Sehnsucht nach einem Gespräch oder nach einem Schnaps und Schweigen an Werktagen nach Sonnenuntergang aus der Wohnung lockte, ging ich meist nur die wenigen Schritte um die Ecke in die *Bar ohne Namen* und fand dort bei einer der Damen des Hauses, eine Mutter mit ihren beiden Töchtern, immer, was ich suchte. Eines Tages hatte ich dann diese Bar wie einen von mir seit Jahren bewohnten Raum betreten.

Mittlerweile konnte ich behaupten, die Bar in allen erdenkbaren und vor allen Dingen ertrinkbaren Situationen zu kennen: eine Windjammer, die im spiegelblanken Hafenbecken träge am armdicken Tau zog, oder ein Piratenschiff, das mit verdoppeltem Punsch-Schub in rasender Fahrt durchs Parallel-Universum kreuzte.

Ja, der Punsch! Genauer gesagt, der Skeleton-Power-Punsch, der nach einem streng geheim gehaltenen Ritual hergestellt wurde. Die Zutaten waren eigentlich klar: verschiedene

Säfte, Schnaps, eine Prise hiervon, einen Schuss davon, umrühren – fertig! Die erwünschte Wirkung ließ einen die Perücke vom Kopf reißen und gegen die Decke schleudern, dass »die gequetschten Locken ächzten und, im gänzlichen Verderben aufgelöst, den Puder weit umherstäubten!«.

An jenem Abend blieb ich vor dem großen Fenster der *Bar ohne Namen* stehen, auf dem DJ Arschkatapult in schrillen Farben und Zeichnungen angekündigt wurde: ein Rock 'n' Roller-Pärchen tanzte auf Liegestühlen unterm Hula-Sonnenschirm. Hinter dem Fenster tobte der blanke Irrsinn. Komm, Junge, einen Absacker kannst du nehmen, nahm ich mir vor. Außerdem war ich mir zu hundert Prozent sicher, in jedem Fall die Finger vom Skeleton-Power-Punsch zu lassen!

Ich öffnete die mit einer zentimeterdicken Lage Aufklebern beschichtete Tür und geriet in einen unberechenbaren Strudel kreischender Menschen, die alle ihre Hände zur Decke gehoben hatten, was sowohl daran lag, dass DJ Arschkatapult gerade ganz dicke Musike spielte, aber auch der gnadenlosen Enge geschuldet war, in der längst alle Sitzplätze zu Stehplätzen geworden waren und keiner mehr die Arme nach unten nehmen konnte. Heute Abend galt: durchdrehen!

Ich sah ein paar bekannte Gesichter auf der Tanzfläche, die sich in der Mitte der Bar befand beziehungsweise die die Mitte der Bar war. Wollte man zum DJ, aufs Klo, zum Zigarettenautomat oder nach hinten in den mit geschätzten sieben Quadratmetern kleinsten Hinterhof St. Paulis, musste man da durch. Wollte man dann wieder zurück zur Theke, musste man da durch. Da es sich schon im Eingang staute, blieb ich erst einmal stehen und sah mich weiter um.

Hinter der kleinen Theke, die dekoriert war mit unzählbaren Gummimonstern, Dracula-Puppen, Skelett-Hampelmännern, Geckos, Fledermäusen, Ratten, Spinnen, Schlangen aus Glitzerplüsch und Stoffplunder, Totenkopf-Figuren, Totenkopf-Robotern, Totenkopf-Trinkpokalen, Saurier-Kerzenständern, Speckstein-Buddhas und einem Strauß weißer Lilien, stand Lotta, eine der Damen des Hauses, und machte auf mich einen sehr bedenklichen Eindruck.

Und das lag nicht an dem fehlenden vorderen Schneidezahn, nicht am quietschgrün quergestreiften Shirt, dem Totenkopf-Kopftuch, der rosa Federboa oder den gelb gepunkteten Unterarmstulpen, nein, was mir ein wenig Sorgen machte, waren Lottas weit aufgerissene Augen, mit denen sie sich in der Bar umsah, als schwämmen alle Gäste vor der Theke in einem riesigen Aquarium, getrennt von ihr durch eine dünne Glasscheibe. Genau an diese Scheibe klopften aber nun die Aquariumsinsassen und forderten ungeduldig mehr Schnaps, mehr Bier und vor allem mehr vom Skeleton-Power-Punsch, der in einem randvollen Zinkeimer vor Lotta stand.

Ich hatte mich schon von der Szene abgewandt, mit dem Plan, im kleinen Hinterhof einen Liegestuhl oder ein buntes Kissen zu ergattern, als Lotta mich entdeckte und hinter mir her stürzte. Sie rief meinen Namen, ich drehte mich um, und ein zu allem entschlossenes Flackern in ihrem Aquarium-Blick ließ mich Schlimmes befürchten. Ohne dass ich etwas dagegen hätte tun können, zerrte sie mich hinter die Theke, sagte: »Du bist meine Rettung, kann nich

mehr weg hier!«, küsste mich und torkelte mit erhobenen Armen aus der Bar. Es sah fast wie eine Siegerpose aus.
Alles hatte nur wenige Sekunden gedauert. Es war eine Stunde vor Sonnenaufgang. Und ich, der schon fast zu Hause gewesen war, stand nun hinter der Theke und starrte auf das große Aquarium vor mir, in dem Punker, Skater, Mütter, Väter, Monster und Irre davon bedroht waren, auf dem Trockenen zu liegen, teilweise schon Schnappatmung zeigten oder sich mit flatternden Kiemen im Kreis drehten.

Was hättest du in dieser Situation getan, geneigter Leser? Hättest du versucht, Lotta zurückzuholen? – Unmöglich! Oder hättest du dich zurückgezogen und die Theke alleine ihrem Schicksal überlassen? – Nein, sicher nicht!
Aber was soll das Spekulieren, wo es doch im Grunde nur eine Lösung gab, nur eine Lösung gibt und geben wird? – Skeleton-Power-Punsch! Das war mir in dieser Nacht, in der ich unerwartet Thekendienst hatte, nach einer blitzschnellen und schonungslosen Analyse meiner Situation sofort klar! Ich zögerte nicht, nahm die Schöpfkelle und begann mein wohltätiges Werk: In alle Gläser, die mir hingehalten wurden, in alle Flaschen und Totenkopf-Trinkpokale goss ich Punsch, in alle Schuhe, in alle offenen Münder, in bettelnd vorgestreckte Hände: Punsch! Ich segnete alle Mitglieder der Gemeinde und taufte sie mit Punsch! Ich heilte die Aussätzigen mit Punsch! Ich wusch ihre Wunden mit Punsch! Ich rief: »Vivat Salamander (...)! – Vöglein – Vöglein aus den Lüften – Eheu – Eheu – Evoe – Salamander!«
In dieser Nacht machte die *Bar ohne Namen* ihrem Ruf

wieder alle Ehre: keinen Namen zu brauchen. Denn sollte sich irgendjemand nach dieser Skeleton-Power-Punsch-Gesellschaft noch an eine Kleinigkeit wie den Namen dieser Bar erinnern, so kann er beim nächsten Mal sowieso gleich wegbleiben!

Bar ohne Namen, Friedrichstraße, St. Pauli (die Kneipe wurde kurz vor Erscheinen dieses Buches geschlossen)

Nico Spindler, geboren 1970 in Marburg/Lahn. Zuletzt: *triumphe und ruinen*, Gedichte, Eskapis-Verlag, 2004

Wiebke Spannuth-Maginess
Ein Angebot

Als ich eintauchen will ins laute, rauchige Willkommen des *Zwick*, bemerke ich ihn. Er ist nicht zu übersehen. Wenn Mattes aufsteht, ist er mindestens zwei Meter hoch, wenn nicht höher, er wird auch die Giraffe genannt. Also grüße ich erst mal Jackie hinterm Tresen, sie guckt zwischen uns beiden hin und her, wedelt mit den Händen, als habe sie sich verbrannt, lacht. Mit dem Bier in der Hand drehe ich mich schließlich um. In voller Höhe steht Mattes da, versperrt mir den Weg am Tresen entlang, in den hinteren, von Kerzen erleuchteten Bauch der Kneipe. Und dann winkt er auch noch, winkt mit seinen großen Händen, die irgendwo unter den goldenen Manschettenknöpfen, dem Luis-Vuitton-Hemd und dem schweren weißgoldenen Armband an seinen Armen befestigt sein müssen.
Seine Handgelenke habe ich noch nie gesehen, selbst im Sommer trägt Mattes viele Schichten auf seinem Körper, Schichten teurer Kleidung und edlen Schmucks, Anzüge, Krawatten, Westen bei jeder Hitze.
Er winkt mich zu sich heran, herrisch, die Finger nach unten weggekrümmt. So habe ich es in Asien gesehen, als gelangweilte Geste von Polizisten, die Autofahrer wegen diverser Verstöße an den Straßenrand winken. Abkassieren. Weiterwinken. Und während ich das denke und sogar grinsen muss, folge ich schon Mattes' Befehl und stehe wenig

später vor ihm. Mit meinen höchsten Absätzen reiche ich ihm nicht einmal ganz bis zur Brust.
Du hier, Anne, das nenne ich Glück, und zwar auch für dich, Anne, auch für dich! Mattes ignoriert meine ausgestreckte Hand, beugt sich stattdessen zu mir hinunter, drückt mir einen Kuss auf jede Wange. Dabei umfasst er meine Schultern, hält eine in jeder Hand, als fiele ich sonst um. Wir zwei müssen, ja, wir müssen reden, sagt Mattes und wirkt mitten im Satz plötzlich zerstreut. Schon grüßt er jemanden über meinen Kopf hinweg, doch als ich mich davonstehlen will, wird sein Griff wieder fester, und ich bleibe stehen, verwundert, dass er noch immer das Sagen hat, dabei war er doch zuletzt vor einem Jahr mein Chef.
Zuerst bin ich rausgeflogen. Mattes und sein Kumpel, der Stellvertreter, fanden, ich nutzte meine Chancen bei der Zeitung nicht genug. Dich muss man zum Jagen tragen, schade um das ungenutzte Potenzial. Kurz danach flog er selbst. Er stolperte über seine Vorliebe für Revolvergeschichten, die das seriöse, wenn auch unbedeutende Blättchen bei den Lesern in Misskredit brachten. Überhaupt seine Vergangenheit, sein Auftreten. Gerüchte kamen auf. Womit der wohl sein Geld verdient hat, früher. Seine Freunde: Medienbosse, aber auch Halbweltgrößen aus dem *Zwick*. Dann kamen Umstrukturierungsmaßnahmen, ein neuer Chefredakteur. Seither habe ich nichts von Mattes gehört. Bis heute.
Ich versuche, an ihm vorbeizuspähen, erhasche einen kurzen Blick auf die Typen an der Bar, die sich automatisch umdrehen und gucken, wenn eine Frau hereinkommt. Nehme sie als verschwommenes Ganzes wahr, aus dem ein-

zelne Merkmale aufblinken, Augen, groß, dunkel, Haare, halblang und lockig oder kurz und borstig, es könnte heute was dabei sein, vielleicht einer, vielleicht zwei. Die Zerknitterten, die Aufgeschwemmten bemerke ich schon lange nicht mehr, nicht ihre langen, speckigen Haare, nicht ihren bierdunstigen Atem. Ich weiß einfach, dass es sie gibt, wie man weiß, dass über dem Sofa von einem alten Bekannten noch immer ein Nachdruck von Kandinsky hängt.
Was machst du denn jetzt so, Anne, ist es was Festes? Mattes tritt noch näher an mich heran, versperrt mir den Blick.
Frei! Das trifft sich gut, sehr gut, ich habe da vielleicht was für dich.
Klar, sage ich, lass uns später drüber reden, und will mich an ihm vorbei nach hinten schieben. Er verstärkt den Druck seiner Hände. Also warte ich, während er mich taxiert.
Und dann, endlich, stellt er seine Frage: Würdest du denn auch was Dreckiges machen? Er sagt wirklich: Was Dreckiges, ohne mit der Wimper zu zucken, ohne lüsternes Sabbern, ohne entschuldigendes Blinzeln. Ganz sachlich fragt er, wie ein Ober, der dem Gast ein Tablett unter die Nase hält: Was Dreckiges, die Dame?
Ich starre Mattes einen Moment an. Dann remple ich ihn fast um, dränge an ihm vorbei in den hinteren Raum, fast fensterlos, sicher wie der Bauch eines Wals. Van Morrison dröhnt aus den Boxen, und ich setze mich in meine Eckbank, betrachte das vertraute Inventar, die E-Gitarren an den Wänden, die Bilder von Mick Jagger, Keith Richards, Eric Clapton und all den anderen Altrockern, manche waren hier mal zu Gast, einige haben im *Zwick* gespielt.
Eine Skatrunde, sechsköpfig am Stammtisch. So bleibt in

den Spielpausen genug Zeit zum Trinken und Essen. Man sieht sie ihnen an, die allwöchentlichen Schnitzel mit Pommes rot-weiß, von der Bedienung mit dem fliegenden Pferdeschwanz fröhlich auf den Tisch geworfen. Fast alle tragen ein Doppelkinn über dem Pullover. Und alle kontrollieren regelmäßig das Terrain. Der eine guckt länger, der andere gleich wieder weg, wer mit dem Rücken zum Eingang sitzt, steht ab und zu auf, um aufs Klo zu gehen und einen verstohlenen Blick in die Runde zu werfen.

Zu Hause bewohne ich nur Schlafzimmer und Küche, kein Wohnzimmer außer diesem hier, es liegen nur ein paar Häuser dazwischen. Ich trinke mein Bier aus der Flasche, warte.

Dann steht Mattes plötzlich vor mir, giraffengroß, seine roten Haare leuchten im Kerzenschein. Er reicht eine Visitenkarte zu mir hinunter, damit du mich anrufen kannst, wenn du den Job willst, er grinst. Komm schon, ich erzähl dir was drüber, draußen, hier ist es zu laut. Mit seinen langen Armen greift er nach mir. Ich weiche zurück, verkrieche mich in die Sitzecke. Er nimmt es als Einladung, rutscht herein zu mir. Wir zwei verstehen uns, sagt er, schon immer, du bist doch nicht böse wegen damals, oder? Ich antworte nicht. Er fasst mit der Hand unter mein Kinn, hebt mein Gesicht zu sich empor. Ich zucke zurück, seine Hand fällt herab, und er steht auf. Wenn du bereit bist, ruf an. Für gute Leute habe ich immer Verwendung. Ach, ehe ich es vergesse! Er holt einen Umschlag aus der Jackentasche, legt ihn vor mich auf den Tisch.

Den Umschlag öffne ich auf dem Klo, meine Finger zittern. Ein Couponheft fällt heraus, mit heraustrennbaren

Seiten. So eines, wie ich sie manchmal im Briefkasten finde. Lauter Gutscheine für die anteilige Bezahlung von Blumensträußen, Müllbeuteln, Kosmetikbehandlungen. Ein Zettel klebt dran: Damit du dir ein Bild von dem Job machen kannst, steht da in Mattes Handschrift, kein sauberer Journalismus mehr. Aber in der Not frisst der Teufel Fliegen. Kichernd halte ich mich am Waschbecken fest. Dann werfe ich das Heft in den Müll. Die Visitenkarte behalte ich.

Zwick, Mittelweg 121b, Pöseldorf, U1 Hallerstraße, Buslinien 109 und 605

Wiebke Spannuth-Maginess, geboren 1965 in Hamburg. Veröffentlichungen in Zeitschriften und Anthologien

Stefan Beuse
Das Gegenteil von Kult

Um das gleich klarzustellen: Ich mag eigentlich keine Kneipen. In Kneipen sitzt man rum und betrinkt sich und glotzt und lässt sich anglotzen; man hört Musik, die man nicht hören will, und muss anschließend die Klamotten vier Tage lang in den Nordwind hängen, damit man nicht mehr nach kaltem Qualm stinkt.

In Kneipen zu sitzen ist fast so schlimm, wie draußen vorm Szeneportugiesen zu stehen, Galão zu trinken und so zu tun, als hätte man zwischen zwei Präsentationen gerade noch Zeit für einen schnellen Kaffee, während man eigentlich den ganzen Tag nicht weiß, was man tun soll, und die Aura des urbanen Kreativen nur benutzt, um durch schwarze Hornbrillen Ausschau nach Frauen zu halten, die Ausschau nach urbanen Kreativen halten, weil sie denken, dass ihnen die Kreativen kreative Liebesbriefe schreiben und originelle Sachen sagen und natürlich viel Geld haben. Die Hamburger Szeneportugiesen sind alles in allem ein großes Missverständnis, und in Hamburger Kneipen zu sitzen kann etwas ähnlich Ausgestelltes, unangenehm Posiges haben. Dem Hamburger nämlich geht es – anders als dem Berliner oder dem Russen – nicht einfach darum, nett beisammenzusitzen, es warm zu haben und zu trinken, es geht ihm in ungesundem Maße auch um Darstellung und Repräsentation.

Als ich gerade nach Hamburg gezogen war, bestellte mich ein Stadtmagazin für ein Interview in den *Saal II*, der zumindest damals eine Kultkneipe für Leute war, die von sich glaubten, sie seien kreativ. Als das Interview fertig war, kam ein Fotograf und hat mich fotografiert, wie ich im *Saal II* rumsaß, und unter dem gedruckten Foto stand später: »Stefan Beuse ist Schriftsteller. Klar, dass er da den ganzen Tag im *Saal II* rumsitzt.«

Seit diesem Tag achte ich darauf, mich nur noch in Kneipen aufzuhalten, die für nichts stehen. Wenn ich in Kneipen bin, dann, um mich mit Leuten zu treffen, die ich nicht zu Hause haben will. Der Vorteil liegt auf der Hand: Man kann jederzeit aufstehen und gehen.

Es mag widersinnig klingen, aber eigentlich gehe ich in Kneipen, um in Ruhe gelassen zu werden (und natürlich gleichzeitig das virtuelle Gefühl zu genießen, dass mir theoretisch alle Möglichkeiten offenstehen). Ich treffe mich mit Leuten, um in Ruhe etwas zu besprechen. Und das geht am besten in Kneipen, die nicht vor allem mit sich selbst beschäftigt sind: Läden also, die das Gegenteil von Kult sind und auch keinen Kultstatus deswegen genießen, weil sie eben das Gegenteil von Kult sind.

Genauso ein Ort war der *Berliner Betrüger* schon, bevor er *Berliner Betrüger* hieß. Als der *Berliner Betrüger* noch nicht der *Berliner Betrüger* war, hieß er »Entrée« und lag gegenüber von dem (Kult-)»Café unter den Linden«. Vielleicht war genau das der Grund, warum im »Entrée« immer so viele kultfreie Menschen saßen: Das »Café unter den Linden« funktionierte wie eine Art Staubsauger, der den ganzen Kult aufsaugte und den Rest gewissermaßen nach gegenüber hustete.

Es bedienten im »Entrée« damals zwei chronisch grinsende Pakistani mit Fistelstimmen, die immer lächelten, als wüssten sie mehr als man selbst, einem ständig neue Getränke aufschwatzten und regelmäßig beim Bezahlen beschissen. Wenn sie genug von ihren Gästen hatten, spielten sie in voller Lautstärke den »Schluckauf-Tango«, einen Rausschmeißer, der wie ein umgekehrter Staubsauger funktionierte, denn zehn Minuten später war der Laden leer.

Wenn man Hunger hatte, konnte man Dinge bestellen, die auch die eigenen Eltern noch aussprechen konnten, und man bekam Portionen, wie sie vor der Erfindung der Nouvelle Cuisine üblich waren. Das »Entrée« war eine sonderbar verschrobene Simulation von Zuhause, und obwohl wir uns jedes, wirklich jedes Mal vornahmen, uns das nächste Mal woanders zu treffen, hielten wir dem Laden auch dann noch die Treue, als er plötzlich *Berliner Betrüger* hieß und nicht mehr nach Weinstube, sondern schon nach etwas Modernerem aussah. Es gibt keine rationale Begründung dafür. Für Nostalgie waren wir entschieden zu jung, und Bequemlichkeit kann es auch nicht gewesen sein, denn im Umkreis von hundert Schritten gab es alles, was sich denken lässt.

Sogar die Spiele der Fußball-Weltmeisterschaft sahen wir weder auf dem nahe gelegenen Fifa-Fanfest noch bei den noch näher gelegenen Szene-Portugiesen, sondern: auf der Großbildwand im Hinterzimmer des *Berliner Betrüger*. Wir genossen dabei ausreichend Ellenbogenfreiheit.

Natürlich wäre es übertrieben, das Abhängigkeit zu nennen. Aber es hat schon etwas von einer Beziehung, die man aus rational unerfindlichen Gründen nicht aufgeben kann. Dabei sind sogar sämtliche Verschrobenheiten aus dem Laden verschwunden: Die beiden Pakistani bedienen nicht mehr, und statt des Schluckauf-Tangos wird gut abgehangene Musik aus der massenkompatiblen Grauzone zwischen Indie und Charts gereicht.

Der *Berliner Betrüger* ist ein Laden, in den man sowohl seine Nichte als auch seine Eltern mitnehmen kann, ohne komisch angesehen zu werden. Er ist unverfänglich. Feige, könnte man sagen, wäre nicht ohnehin die gesamte Hamburger Kneipenlandschaft eine Simulation von etwas, das bereits auf so vielen Metaebenen gebrochen wurde, dass sich der zugrunde liegende Impuls, das Gefühl, um das es eigentlich ging, gar nicht mehr ausmachen lässt.

Im *Berliner Betrüger* kann man ungestört Texte besprechen. Man kann korrigierte Seiten auf dem ganzen Tisch ausbreiten, ohne dass einen jemand für einen Medienheini hält. Klänge es nicht so aufgeblasen, ließe sich fast behaupten, dass der *Berliner Betrüger* Kneipe gewordener Kommunismus ist. Aber so ein Diktum würde der einzige Betrüger, der keiner ist (und ihn wohl gerade deshalb im Titel führt), nie stehen lassen. Dafür wäre er viel zu bescheiden.

Berliner Betrüger, Juliusstraße 15, Schanzenviertel, Buslinie 3 Bernstorffstraße

Stefan Beuse, geboren 1967 in Münster. Zuletzt: *Meeres Stille*, Piper Verlag, 2003

Arne Rautenberg
Traumbuch des Golden Pudels

Wäre ich nicht aufgewacht, hätte man mir voll in den Arsch getreten!

ASTRA: Alle werden kommen, um die Sterne zu sehen.

BARFRAU: Es wird als Glück zu bezeichnen sein, sich in ihrer Nähe aufzuhalten.

BRETTER: a) Jeder wird vom Pech verfolgt sein, der nicht dem Charme einer verrotteten Gartenlaube erliegen kann. b) Diese Bretter werden eine andere Welt bedeuten.

BRILLEN UND FRAUEN: Die Gestelle und die auf sie Fliegenden werden dicker als erwartet sein.

DÉJÀ-VU (UND HANDSCHELLEN): Sie wird ihn an seine Mutter in jungen Jahren erinnern.

DJ: Wenn die Stimmung am Kochen sein wird, wird er seine selbstproduzierte Platte auflegen und sich entweder a) verdammt clever dabei vorkommen oder b) wundern, dass der Abend von nun an den Bach runtergehen wird.

Enttäuschung: Ein Junggeselle wird auf die Frage, was er denn mache, antworten: Krankengymnastik.

Feuerdecke: Das Schwitzwasser wird an der neuen Decke etwas höher hängen.

Freaky Fuckin' Totenkopfleggings: Keiner wird genau hinsehen wollen.

Geltungsdrang: Eine sehr kleine Frau wird stets Strapse tragen.

Gesichtskontrolle: Niemand wird sich darüber wundern, dass es keine geben wird.

Gitarren: Eine Frau wird an der Bar lehnen, das goldene Zeitalter der elektrischen Gitarre bedenken und leise zu lachen beginnen.

Grillen: Beim nächsten Grillabend auf dem Hof wird a) eine Vegetarierin ihr Gelübde brechen und b) ein Fleischergeselle zum Vegetarier werden, was c) zum wundersamen Läuten von Hochzeitsglöckchen führen wird.

Hamburger Schule: Niemand wird vergessen können, dass sie hier größer war als überall sonst in der Welt.

Ich-finde-du-passt-gut-hierher: Würde sie den Laden nicht kennen, müsste sie lange darüber nachdenken, ob das als Kompliment gemeint wäre.

Kleid: Der Zeitgeist wird als Frau mit Pagenkopf in einem Kleid aus elektronischer Musik daherkommen.

Knallkopp: Er wird direkt aus der Toilette auf die Mitte der Tanzfläche stolpern und dort zu explodieren beginnen.

Komasaufen: Wenn er am nächsten Morgen aufwacht, wird er feststellen müssen, dass er bereits tot ist.

Kühle Blonde: Müsste er sich entscheiden, würde er aufs letzte Bier verzichten.

Kunst: a) Wird immer eine Sache des Nebenraums bleiben, darin werden b) zwei Föhns zwei Tischtennisbälle in der Luft halten.

Leerstelle: a) Jemand wird an den Wänden nach einem Bild von Daniel Richter suchen.
b) Jemand anderes wird beim Pinkeln Kopfpolster über den Pissoirs vermissen.

Literatur: Ein Besucher wird in den Tagebüchern Thomas Manns gelesen haben, dass dieser seinen Pudel nach der goldenen Zitrone laufen ließ.

Licht: Obwohl sich alle die Kehle nach einer weiteren Zugabe wundbrüllen, wird die halbe Discokugel sich weiter hübsch langsam und verstaubt an der Decke vor sich hin drehen.

Memento mori: Die Plakate der großen Konzerte werden abgerissen, die Aufkleber der besten Streetartkünstler abgekratzt, die Tags großer Momente überbombt werden.

Mikrofon: Wer die Macht hat, wird etwas Unartiges (»Tanzt – ihr Schweinepriester!«) brüllen.

Nietenhosen: Schöne Frauen in schlechtsitzenden Karottenjeans werden Männern in gutsitzenden Anzügen den Schweiß auf die Stirn treiben.

Pissoir: Jeder, der das Klo betritt, wird sich fragen, ob da Blut oder Ketchup an der Keramik klebt.

Platten: Nach der Einnahme von XXX wird der DJ sich fühlen wie ein Gott, der seine Welt versehentlich am Drehen sehen wird.

Pudel: Das Tier mit dem goldenen Gebiss wird als Hund und Mentor von allem unberührt bleiben.

Punkausweis: Einmal, wenn es wirklich nicht drauf ankommt, wird Rocko Schamoni vorgeben, ihn vergessen zu haben.

PVC: Anhand der abgelatschten Bodenplatten wird jeder Besucher die Lieblingsstrecken der Leute nachvollziehen können.

Saugrüsselchen: Ein Kosename wird erst zum Eklat, dann zum letzten Mal genannt werden.

Scheitel: Haare werden gehen, Vollbärte werden kommen.

Schnaps: a) Er wird ihr die Wahrheit und nichts als die Wahrheit sagen. Sie wird ihn b) dafür hassen, nichts als hassen.

Schnellstrasse: Er wird nur mal schnell auf der anderen Seite der Straße sein Wasser abschlagen wollen. Ein Tanklastzug wird nicht mehr rechtzeitig bremsen können.

Schweiss: Er wird ihn ihr vom Arm lecken.

Skateboard: Ein Betrunkener wird unverhofft das Brett seines Freundes nehmen und versuchen, damit auf die Tanzfläche zu skaten. Sein Kopf wird auf den Boden schlagen. Jemand wird die Scherben sammeln. In der Bierpfütze wird später getanzt werden.

Staub: Der Glanz vergangener Jahre wird hier langsamer verblassen als anderswo.

Tageslicht: Kein Nachtschwärmer wird die Räume je bei Tageslicht zu sehen bekommen.

Trainingsjacke: Wer sie jetzt noch tragen wird, zeigt sich a) als furchtlos in Sachen Trendsetting und b) als Studienobjekt für gesunkenes Kulturgut bei Volkskundestudentinnen.

Tischecken: Eine Fliege wird sich in eine setzen. Und kleben bleiben.

Toiletten: a) Mitten im Edding-Inferno wird sich niemand mehr um Reviermarkierungen kümmern müssen. b) Wenn die Tür auffliegt, wird es eine gewaltige Überraschung geben.

Wand: Ein Mohairpullover wird an einer in der Holzwand befindlichen Tackernadel hängen bleiben. Die Laufmasche wird ein Loch verursachen. Durch das ein tätowierter Schädel blitzen wird.

Zwängdrang: Entweder wird a) Horror Vacui als gruppenorientiertes Happening zu definieren sein oder b) nur der hässliche kleine Stinker den direkten Körperkontakt zu all den Edelslackern genießen können.

Zweiundzwanzig Uhr: Eine Frauenhand wird den Schlüssel umdrehen und dir wie jeden Abend die Tür öffnen.

Golden Pudel Club, Fischmarkt 27, Fischmarkt, S1 Landungsbrücken/Fähre Linie 62 Anleger Altona Fischmarkt

Arne Rautenberg, geboren 1967 in Kiel. Zuletzt: *vermeeren*, Darling Publications, 2007

Kneipenindex

Bar ohne Namen 154
Berliner Betrüger 164
Blaue Stube 54
Blockhütte 13
Cantinho Do António 20
Das neue Landhaus Walter 90
Der Clochard 144
Eldorado 99
Familien-Eck 81
Frau Hedis Landgang 31
Frau Hedis Tanzkaffee 15
Froggy's 149
Gaststätte Jack 140
Golden Pudel Club 169
Hasenschaukel 50
In Vento 72
Irish Pub 94
Karo Ecke 85
La Paz 122
Lunacy 77
Marinehof 135
Night & Day 36
Ponton op'n Bulln 66
Saal II 43
Schach-Café 105

Sorgenbrecher 129
Treibeis 116
Wandsbeker Hof 25
Zum Schellfischposten 110
Zwick 159